Joseph Renner

Lehrbuch der deutschen Sprache

mit besonderer Berücksichtigung der Orthographie und des schriftlichen Gedankenausdruckes für Mittel-Klassen deutscher Schulen

Joseph Renner

Lehrbuch der deutschen Sprache
mit besonderer Berücksichtigung der Orthographie und des schriftlichen
Gedankenausdruckes für Mittel-Klassen deutscher Schulen

ISBN/EAN: 9783743687646

Hergestellt in Europa, USA, Kanada, Australien, Japan

Cover: Foto ©Paul-Georg Meister /pixelio.de

Weitere Bücher finden Sie auf **www.hansebooks.com**

Lehrbuch

der

deutschen Sprache

mit

besonderer Berücksichtigung der Orthographie und
des schriftlichen Gedankenausdruckes

für

Mittelklassen deutscher Schulen

von

Joseph Renner.

Zweite, verbesserte Auflage.

Regensburg, New-York & Cincinnati.
Papier, Druck und Verlag von Friedrich Pustet.
1867.

Vorwort.

Vorliegendes Werkchen ist — wie schon das Titelblatt besagt — für Mittelklassen bestimmt. Wenn Sprachfertigkeit der Zweck des Sprachunterrichtes sein soll, so dürfte es nothwendig erscheinen, schon in diesen Klassen eine entsprechende formelle und materielle Grundlage zu geben. Diese Ueberzeugung und der Mangel eines brauchbaren Leitfadens, ohne den ein planmäßiger Unterricht namentlich in Schulen mit allen Klassen sehr mühevoll und zeitraubend ist, gaben dem Werkchen seine Entstehung. Dabei wurde streng an dem Grundsatze festgehalten, daß **bloßer dürrer Regelkram werthlos sei, und daß alle Theorie durch praktische Einübung verständlich gemacht werden müsse.** Nur die nothwendigste grammatikalische Unterlage ist hier geboten, nach dem Grundsatze: **Wenig Regeln, viele Uebung.** Alles Uebrige dürfte Sache der Oberklassen sein. — Die Orthographie, dieser **wichtigste Zweig des ersten Sprachunterrichtes**, ist vorzüglich berücksichtigt und überall eingeflochten. In den höhern Klassen lassen sich die Lücken in der Orthographie nur schwer ausfüllen, wenn die Unter- und Mittelklassen nicht das Ihrige gethan haben. Hier gibt nur mehrjährige Uebung einige Sicherheit. Haben aber die Mittelklassen den Inhalt des vorliegenden Buches wohl verbaut, dann dürfte der ethymologische und stylistische Unterricht in den Oberklassen ein gedeihliches Resultat geben, und die **allgemeine** Klage über mangelhafte Bildung der Schuljugend in unserer Muttersprache müßte endlich verstummen.

Regensburg den 25. August 1866.

Joseph Renner.

Vorrede zur zweiten Auflage.

Die vorliegende zweite Auflage wurde vermehrt und verbessert; jedoch ist die erste Auflage neben ihr brauchbar.

Möge das Büchlein auch ferner eine freundliche Aufnahme finden!

Regensburg den 1. Juli 1867.

Joseph Renner.

Buchstaben.

Das Alphabet besteht aus folgenden Buchstaben: **a b c d e f g h i j k l m n o p q r s ſ t u v w x y z ä ö ü au ei eu ai äu.**

Von diesen sind einfache **Selbstlaute** oder **Vokale**: **a e i o u**; Umlaute: **ä ö ü** und Doppellaute: **au ei eu ai äu.**

Die übrigen heißen **Mitlaute** oder **Konsonanten**, weil sie nur in Verbindung mit einem Vokale einen Laut geben. Die zusammengesetzten Kosonanten sind: **ch ck ß th ph pf sch st tz.**

Silben.

Laute, die auf einmal ausgesprochen werden, bilden eine Silbe; z. B. am, man, so. Die Silben sind entweder Stammsilben oder Vor- und Nachsilben oder Beugungssilben. Die Stammsilben geben dem Worte die Bedeutung. Die Vorsilben stehen vor der Stammsilbe, die Nachsilben nach derselben. Vor- und Nachsilben geben ohne Stammsilbe keinen Sinn. Die Beugungssilben sind an dem Worte in den verschiedenen Endungen und Personen veränderlich und befinden sich immer am Ende der Wörter.

Die Silben können auch getrennt werden und zwar nach Sprech- und Sprachsilben.

Nur im Sprachunterrichte trennt man sie nach Sprach- d. h. nach Vor-, Stamm- und Nachsilben. Sonst werden sie immer nach Sprechsilben getrennt, bei welchen der Auslaut der Stammsilbe zur Nebensilbe gezogen wird, z. B. Kna-be, Kir-sche, Son-nen-schein.

Wortlehre.

Die wichtigsten Redetheile sind die Begriffswörter, d. i. das Namenwort, das Eigenschaftswort und das Zeitwort.

Das **Namenwort** gibt den Namen eines sichtbaren oder denkbaren Dinges an, z. B. Vater, Mutter, Gold, Volk, Glaube, Hoffnung, Karl, Max. Das Namenwort hat entweder das männliche, weibliche oder sächliche Geschlecht. Das Geschlecht wird durch die bestimmenden Geschlechtswörter: der, die, das und die nichtbestimmenden Geschlechtswörter: ein, eine, ein ausgedrückt; z. B. der Vater, die Mutter, das Volk; ein Vater, eine Mutter, ein Volk.

Man theilt die Namenwörter ein:
1) in Eigennamen, z. B. Karl, Donau, Wien;
2) in Gattungsnamen, z. B. Bank, Haus 2c.;
3) in Sammel= oder Mengennamen, z. B. Heer, Gebüsch, Gedärm;
4) in Stoffnamen, z. B. Gold, Silber, Milch 2c.;

(Anschauungsnamen (oder konkrete Begriffe).

5) in übersinnliche Begriffsnamen (oder abstrakte Begriffe), z. B. Glaube, Hoffnung, Geduld, die Größe, die Schönheit, das Schreiben, das Zeichnen u. s. w.

Das **Eigenschaftswort** gibt an, wie ein Ding ist oder sein kann, z. B. der gute Vater, die freundliche Mutter, das große Volk.

Die Eigenschaftswörter können gesteigert werden, z. B. das große Volk, das größere Volk, das größte Volk. Man sagt dann, das Eigenschaftswort steht im ersten, zweiten oder dritten Steigerungsgrad. (Positiv, Comparativ und Superlativ.)

Die Eigenschaftswörter mit den Vocalen **a**, **o** und **u** erhalten bei der Steigerung meistens den Umlaut; z. B. alt, älter, am ältesten; groß, größer, am größten; kurz, kürzer, am kürzesten. Folgende Eigenschaftswörter dagegen erhalten bei der Steigerung den Umlaut nicht: schmal, zart, klar, glatt, matt, blank, rasch, bange, roh, schlank, flach, blaß, matt und rund; also schmal, schmaler, am schmalsten u. s. w.

Das Namenwort und das Eigenschaftswort können abgebeugt (deklinirt) werden: a) mit dem bestimmten, b) mit dem unbestimmten (ohne Mehrheit) und c) ohne Artikel.

Männlich.

	Einheit.	Mehrheit.
1. Enb.	der (ein) Fürst	die Fürsten
2. „	des (eines) Fürsten	der Fürsten
3. „	dem (einem) Fürsten	den Fürsten
4. „	den (einen) Fürsten	die Fürsten.

Weiblich.

1. Enb.	die (eine) Mutter	die Mütter
2. „	der (einer) Mutter	der Mütter
3. „	der (einer) Mutter	den Müttern
4. „	die (eine) Mutter	die Mütter.

Sächlich.

1. Enb.	das (ein) Auge	die Augen
2. „	des (eines) Auges	der Augen
3. „	dem (einem) Auge	den Augen
4. „	das (ein) Auge	die Augen.

Mit einem Eigenschaftsworte:

	Einheit.	Mehrheit.
1. Enb.	der (ein) dürre(r) Baum	die dürren Bäume
2. „	des (eines) dürren Baumes	der dürren Bäume
3. „	dem (einem) dürren Baume	den dürren Bäumen
4. „	den (einen) dürren Baum	die dürren Bäume.

1. Enb.	die (eine) fromme Frau	die frommen Frauen
2. „	der (einer) frommen Frau	der frommen Frauen
3. „	der (einer) frommen Frau	den frommen Frauen
4. „	die (eine) fromme Frau	die frommen Frauen.

1. Enb. das (ein) geräumige(s) Haus — die geräumigen Häuser
2. „ des (eines) gerämigen Hauses — der geräumigen Häuser
3. „ dem (einem) geräumigen Haufe — den geräumigen Häusern
4. „ das (ein) geräumige(s) Haus — die geräumigen Häuser.

Ohne Geschlechtswort:

	Einheit.	Mehrheit.
1. Enb.	theurer Sohn	theure Söhne
2. „	theuren Sohnes	theurer Söhne
3. „	theurem Sohne	theuren Söhnen
4. „	theuren Sohn	theure Söhne.
1. Enb.	gute Mutter	gute Mütter
2. „	guter Mutter	guter Mütter
3. „	guter Mutter	guten Müttern
4. „	gute Mutter	gute Mütter.
1. Enb.	fleißiges Mädchen	fleißige Mädchen
2. „	fleißigen Mädchens	fleißiger Mädchen
3. „	fleißigem Mädchen	fleißigen Mädchen
4. „	fleißiges Mädchen	fleißige Mädchen.

Anmerkung 1. Stehen vor dem Eigenschaftsworte die Fürwörter dieser, derselbe, welcher, mancher, solcher, jeder, jener — so wird es wie mit dem bestimmten Artikel deklinirt; z. B. dieser junge Mann, dieses schöne Haus, dieses jungen Mannes, dieses schönen Hauses u. s. f.

Anmerk. 2. Stehen vor dem Eigenschaftsworte die Wörter mein, dein, sein, unser, euer, ihr, zwei, drei, kein, viel, mehr, wenig — so wird es wie mit dem unbestimmten Geschlechtsworte deklinirt; z. B. kein junger Mann, mein schönes Haus, keines jungen Mannes, meines schönen Hauses u. s. f.

Anmerk. 3. In der dritten Endung der Einheit des männlichen und sächlichen Geschlechtes darf, wenn ein oder mehrere Eigenschaftswörter auf das Geschlechtswort folgen, nur das erste Wort auf m endigen; die übrigen bekommen des Wohlklangs wegen n; z. B. dem guten Mann, jenem fröhlichen Kinde; — nicht: dem gutem Manne, jenem fröhlichem Kinde.

Anmerk. 4. Mann in Verbindung mit einem Zahlwort bleibt im Plural unverändert; z. B. 600 Mann; dagegen in Verbindung mit einem Eigenschaftswort: 600 tapfere Männer.

Anmerk. 5. Von den mit Mann zusammengesetzten Namenwörtern haben in der Mehrheit Leute: Ackersmann, Landmann, Bettelmann, Hofmann, Bergmann, Dienstmann, Edelmann, Forstmann, Fuhrmann; also: Ackersleute, Landleute u. s. f. Dagegen sagt man: Biedermänner, Ehrenmänner, Staatsmänner, Kriegsmänner; nicht: Biederleute, Ehrenleute u. s. w..

Anmerk. 6. Die Eigennamen (Nomina propria) bleiben **unverändert** durch alle Endungen, wenn sie **mit dem Geschlechtsworte** declinirt werden, z. B. der Max, des Max, dem Max, den Max. Werden sie **ohne Geschlechtswörter** declinirt, so erhalten sie in der 2. Endung ein **s** (nach einem Zischlaut und bei weiblichen Personennamen **ens**). In der 3. und 4. Endung bleiben sie in der Regel unverändert oder erhalten manchmal, um Zweideutigkeiten zu vermeiden **en**; z. B. 1. Max, 2. Maxens, 3. Max, 4. Max; Ludwig, Ludwigs, Ludwigen, Ludwigen; Therese, Theresens, Theresen, Theresen. Gehören mehrere Namen einer Person an, so bekommt nur der letzte in der 2. Endung das s, z. B. Friedrich von Schillers Werke. Ist ein Gattungsname damit verbunden, so bleibt ohne Artikel der Gattungsname und mit dem Artikel der Eigenname unverändert; z. B. die Bauten des Königs Ludwig oder die Bauten König Ludwigs; der frühe Tod des Kaisers Maximilian oder der frühe Tod Kaiser Maximilians.

Das **Zeitwort** gibt an, was ein Ding thut oder leidet. Die Zeitwörter können abgebeugt (konjugirt) werden. — Bei jedem Zeitwort hat man Rücksicht zu nehmen 1) auf die Person, 2) Zahl, 3) Zeit, 4) Art und 5) Form. — Die Person wird theils durch die Biegung, theils durch die persönlichen Fürwörter: ich, du, er, wir, ihr, sie ausgedrückt. — Die Zahl ist zweifach: Einheit und Mehrheit. — Es gibt 3 Hauptzeiten: Gegenwart, Vergangenheit und Zukunft. Die Vergangenheit hat zwei, die Zukunft eine Nebenzeit, so daß es im Ganzen sechs Zeitformen gibt. — Bei der Art unterscheidet man: die anzeigende Art, verbindende Art, unbestimmte Art, Mittelart und befehlende Art. — Die Form ist zweifach: die thätige und die leidende Form.

Abänderung (Conjugation)

Hilfswörter:

Gegenwärtige

Anzeigende Art. (Indicativ.)	Verbindende Art. (Conjunctiv.)	Anzeigende Art. (Indicativ.)
Ich bin	ich sei	ich habe
du bist	du seist	du hast
er (sie es) ist	er sei	er (sie es) hat
wir sind	wir seien	wir haben
ihr seid	ihr seiet	ihr habet
sie sind	sie seien	sie haben

Erstvergangene

ich war	ich wäre	ich hatte
du warst	du wärest	du hattest
er war	er wäre	er hatte
wir waren	wir wären	wir hatten
ihr waret	ihr wäret	ihr hattet
sie waren	sie wären	sie hatten

Zweitvergangene

ich bin gewesen	ich sei gewesen	ich habe gehabt
du bist gewesen	du seiest gewesen	du hast gehabt
er ist gewesen	er sei gewesen	er hat gehabt
wir sind gewesen	wir seien gewesen	wir haben gehabt
ihr seid gewesen	ihr seid gewesen	ihr habt gehabt
sie sind gewesen	sie seien gewesen	sie haben gehabt

Drittvergangene

ich war gewesen	ich wäre gewesen	ich hatte gehabt
du warst gewesen	du wärest gewesen	du hattest gehabt
er war gewesen	er wäre gewesen	er hatte gehabt
wir waren gewesen	wir wären gewesen	wir hatten gehabt
ihr waret gewesen	ihr wäret gewesen	ihr hattet gehabt
sie waren gewesen	sie wären gewesen	sie hatten gehabt

des Zeitwortes (Verbums).

sein, haben, werden.

Zeit (Praesens)

Verbindende Art. (Conjunctiv.)	Anzeigende Art. (Indicativ.)	Verbindende Art. (Conjunctiv.)
ich habe	ich werde	ich werde
du habest	du wirst	du werdest
er habe	er (sie es) wird	er werde
wir haben	wir werden	wir werden
ihr habet	ihr werdet	ihr werdet
sie haben	sie werden	sie werden

Zeit (Imperfect.)

ich hätte	ich wurde	ich würde
du hättest	du wurdest	du würdest
er hätte	er wurde	er würde
wir hätten	wir wurden	wir würden
ihr hättet	ihr wurdet	ihr würdet
sie hätten	sie wurden	sie würden

Zeit (Perfect.)

ich habe gehabt	ich bin geworden	ich sei geworden
du habest gehabt	du bist geworden	du seist geworden
er habe gehabt	er ist geworden	er sei geworden
wir haben gehabt	wir sind geworden	wir seien geworden
ihr habet gehabt	ihr seid geworden	ihr seiet geworden
sie haben gehabt	sie sind geworden	sie seien geworden

Zeit (Plusquamperfect.)

ich hätte gehabt	ich war geworden	ich wäre geworden
du hättest gehabt	du warst geworden	du wärest geworden
er hätte gehabt	er war geworden	er wäre geworden
wir hätten gehabt	wir waren geworden	wir wären geworden
ihr hättet gehabt	ihr waret geworden	ihr wäret geworden
sie hätten gehabt	sie waren geworden	sie wären geworden

Zukünftige

ich werde sein	ich werde sein	ich werde haben
du wirst sein	du werdest sein	du wirst haben
er wird sein	er werde sein	er wird haben
wir werden sein	wir werden sein	wir werden haben
ihr werdet sein	ihr werdet sein	ihr werdet haben
sie werden sein	sie werden sein	sie werden haben

Gemischt zukünftige

ich werde gewesen sein	ich werde gewesen sein	ich werde gehabt haben
du wirst gew. sein	du werdest gew. sein	du wirst geh. haben
er wird gew. sein	er werde gew. sein	er wird geh. haben
wir werden gew. sein	wir werden gew. sein	wir werden g. haben
ihr werdet gew. sein	ihr werdet gew. sein	ihr werdet g. haben
sie werden gew. sein	sie werden gew. sein	sie werden g. haben

Unbestimmte

(zu) sein, gewesen (zu) sein, sein (zu) werden | (zu) haben, gehabt (zu) werden

Befehlende

sei (du)! sei er! seid ihr! seien sie! | habe (du)! habe er!

Mittelart

seiend, gewesen | habend, gehabt,

Anmerkung 1. Die Hilfszeitwörter: sein, haben und werden dienen besonders dazu, die Zeiten an den Redewörtern auszudrücken und heißen beßhalb Hilfszeitwörter der Zeit.

Anm. 2. Die Hilfszeitwörter: können, dürfen, mögen, lassen, müssen, wollen und sollen drücken die Art (modus) an dem Redeworte aus und heißen beßhalb Hilfszeitwörter der Art und Weise.

Zeit (Futurum)

ich werde haben	ich werde werden	ich werde werden
du werdest haben	du wirst werden	du werdest werden
er werde haben	er wird werden	er werde werden
wir werden haben	wir werden werden	wir werden werden
ihr werdet haben	ihr werdet werden	ihr werdet werden
sie werden haben	sie werden werden	sie werden werden

Zeit (Futurum exactum)

ich werde gehabt haben	ich werde geworden sein	ich werde geworden sein
du werdest g. haben	du wirst gew. sein	du werdest gew. sein
er werde g. haben	er wird gew. sein	er werde gew. sein
wir werden g. haben	wir werden g. seiu	wir werden gew. sein
ihr werdet g. haben	ihr werdet g. sein	ihr werdet gew. sein
sie werden g. haben	sie werden g. sein	sie werden gew. sein

Art (Infinitiv.)

(zu) haben, haben | (zu) werden, geworden (zu) sein, werden
(zu) werden

Art (Imperativ.)

habet ihr! haben sie! | werde (du)! werde er! werdet ihr!
werden sie!

(Participium)

zu habend | werdend, geworden, zu werdend

Anm. 3. Die Hilfszeitwörter können auch als Hauptzeitwörter stehen, wenn sie nämlich nicht zur Aushilfe zu einem Zeitworte gehören, sondern allein stehen; z. B. Mein Vetter hat einen Teich. Ich bin gesund. Du wirst ein Taugenichts. Ich kann schwimmen. Du darfst in die Stadt.

Thätige Form (Activ).

Anzeigende Art. (Iudicativ.)

Gegenwärtige

Verbindende Art. (Conjunctiv.)

ich liebe	ich liebe (möge, könne, solle, dürfe lieben)
du liebst	du liebest
er (sie es) liebt	er (sie es) liebe
wir lieben	wir lieben
ihr liebet	ihr liebet
sie lieben	sie lieben

Erstvergangene

ich liebte	ich liebete (möchte, könnte, sollte, dürfte, würde lieben)
du liebtest	du liebetest
er liebte	er liebete
wir liebten	wir liebeten
ihr liebtet	ihr liebetet
sie liebten	sie liebeten

Zweitvergangene

ich habe geliebt	ich habe geliebt (möge, könne, solle, dürfe geliebt haben)
du hast geliebt	du habest geliebt
er hat geliebt	er habe geliebt
wir haben geliebt	wir haben geliebt
ihr habt geliebt	ihr habet geliebt
sie haben geliebt	sie haben geliebt

Drittvergangene

ich hatte geliebt	ich hätte geliebt (möchte, könnte, sollte, dürfte, würde gel. haben)
du hattest geliebt	du hättest geliebt
er hatte geliebt	er hätte geliebt
wir hatten geliebt	wir hätten geliebt
ihr hattet geliebt	ihr hättet geliebt
sie hatten geliebt	sie hätten geliebt

b e n.

Leidende Form (Passiv.)

Zeit (Praesens)

Anzeigende Art. (Indicativ.)	Verbindende Art. (Conjunctiv.)
ich werde geliebt	ich werde geliebt (möge, könne, solle, dürfe geliebt werden)
du wirst geliebt	du werdest geliebt
er wird geliebt	er werde geliebt
wir werden geliebt	wir werden geliebt
ihr werdet geliebt	ihr werdet geliebt
sie werden geliebt	sie werden geliebt

Zeit (Imperfect.)

ich wurde geliebt	ich würde gel. (möchte, könnte, sollte, dürfte, würde g. werden)
du wurdest geliebt	du würdest geliebt
er wurde geliebt	er würde geliebt
wir wurden geliebt	wir würden geliebt
ihr wurdet geliebt	ihr würdet geliebt
sie wurden geliebt	sie würden geliebt

Zeit (Perfect.)

ich bin geliebt worden	ich sei gel. worden (möge, könne, solle, dürfe gel. worden sein)
du bist geliebt worden	du seist geliebt worden
er ist geliebt worden	er sei geliebt worden
wir sind geliebt worden	wir seien geliebt worden
ihr seid geliebt worden	ihr seiet geliebt worden
sie sind geliebt worden	sie seien geliebt worden

Zeit (Plusquamperfect.)

ich war geliebt worden	ich wäre gel. w. (möchte, könnte, sollte, dürfte, würde gel. w. sein)
du warst geliebt worden	du wärest geliebt worden
er war geliebt worden	er wäre geliebt worden
wir waren geliebt worden	wir wären geliebt worden
ihr waret geliebt worden	ihr wäret geliebt worden
sie waren geliebt worden	sie wären geliebt worden

	Zukünftige
ich werde lieben	ich werde lieben
du wirst lieben	du werdest lieben
er wird lieben	er werde lieben
wir werden lieben	wir werden lieben
ihr werdet lieben	ihr werdet lieben
sie werden lieben	sie werden lieben

	Gemischt zukünftige
ich werde geliebt haben	ich werde geliebt haben
du wirst geliebt haben	du werdest geliebt haben
er wird geliebt haben	er werde geliebt haben
wir werden geliebt haben	wir werden geliebt haben
ihr werdet geliebt haben	ihr werdet geliebt haben
sie werden geliebt haben	sie werden geliebt haben

Unbestimmte

Gegenwart: (zu) lieben
Vergangenheit: geliebt (zu) haben
Zukunft: lieben (zu) werden

Befehlende

liebe du! liebe er, sie, es!
liebet ihr! lieben sie!

Mittelart

Gegenwart: liebend
Vergangenheit: —
Zukunft: —

Anmerkung 1. Zielend oder transitiv sind alle Redewörter, bei welchen man „wen? oder was?" fragen kann; z. B. ich liebe (wen? oder was?) die Mutter und den Vater; — zielloS oder intransitiv alle jene, welche diese Frage nicht zulassen, z. B. ich schlafe. — Nur die zielenden oder transitiven Redewörter können in der leidenden Form abgewandelt werden; die ziellosen können nur in der dritten Person stehen, z. B. es wird geschlafen.

Anm. 2. Die Endungen der Redewörter werden immer mit t, nie mit d geschrieben; endigt sich der Stamm des Redewortes auf h, so schreibt man die Endung mit ht, nicht mit th; z. B. er geht, nicht geth; er blüht, nicht blüth; die Mittelart der Gegenwart endigt sich auf end, nicht ent; z. B. lobend, nicht lobent; laufend, nicht laufent.

Zeit (Futurum)

ich werde geliebt werden	ich werde geliebt werden
du wirst geliebt werden	du werdest geliebt werden
er wird geliebt werden	er werde geliebt werden
wir werden geliebt werden	wir werden geliebt werden
ihr werdet geliebt werden	ihr werdet geliebt werden
sie werden geliebt werden	sie werden geliebt werden

Zeit (Futurum exactum)

ich werde geliebt worden sein	ich werde geliebt worden sein
du wirst geliebt worden sein	du werdest geliebt worden sein
er wird geliebt worden sein	er werde geliebt worden sein
wir werden geliebt worden sein	wir werden geliebt worden sein
ihr werdet geliebt worden sein	ihr werdet geliebt worden sein
sie werden geliebt worden sein	sie werden geliebt worden sein

Art (Infinitiv.)
Gegenwart: geliebt (zu) werden
Vergangenheit: geliebt worden (zu) sein
Zukunft: geliebt werden (zu) werden

Art (Imperativ.)
werde (du) geliebt! werde er geliebt!
werdet (ihr) geliebt! werden sie geliebt!

(Participium)
Gegenwart: —
Vergangenheit: geliebt
Zukunft: zu liebend

Anm. 3. Die unbestimmte Art (Infinitiv) der gegenwärtigen Zeit kann als Namenwort gebraucht werden, z. B. das Lieben, das Schlagen. Die Mittelarten des Redewortes werden wie Eigenschaftswörter gebraucht und deklinirt, z. B. die liebende Mutter, die geliebte Mutter, die zu liebende Mutter; das schlagende Pferd, das geschlagene Pferd, das zu schlagende Pferd.

Anm. 4. Die Zeitwörter bilden die 2. Person der Gegenwart auf st und die 3. auf t; z. B. ich lobe, du lobst, er lobt. Lautet aber bei einem Zeitworte der Stamm auf d aus, so wird in der 2. und 3. Person Präsens ein e eingeschaltet; z. B. ich leide, du leidest, er leidet. Dasselbe ist der Fall bei den sich auf t und st endigenden Stämmen, wenn sie den Stammvokal nicht verändern, z. B. ich gleite, du gleitest, er gleitet; ich leiste, du leistest, er leistet; dagegen:

Aufgaben über das Namenwort.

1. Man deklinire folgende Namenwörter: der Band (eines Buches, die Bände); die Bande (Räuberbande, die Banden); das Band (zum Binden, die Bänder); der Thor (thörichter Mensch, die Thoren); das Thor (Hausthor, die Thore); der Strauß (Vogel, die Strauße); der Strauß (Blumenbusch, die Sträuße); die Thüre, das Thier; der Stift (zum Schreiben, die Stifte); das Stift (Kloster, die Stifter); der Sprosse (Zweig, die Sprossen); die Sprosse (an der Leiter, die Sprossen); der Schild (Schutzwaffe die Schilde); das Schild (eines Handwerksmannes ꝛc. die Schilder); das Wort (in der zusammenhängenden Rede, die Worte); das Wort (einzelnes Wort, die Wörter); ein Vater, eine Mutter, ein Kind, ein Apfel, eine Birne, ein Haus. — Der dicke Band, die diebische Bande, das seidene Band; ein brüllender Löwe, eine hölzerne Thüre, ein reißendes Thier; fleißiger Schüler, fromme Tochter, fröhliches Kind; dieses schöne Haus, jener gute Mann, manche fleißige Frau, mein schönes Haus, dein guter Mann, seine fleißige Frau; der fleißige Landmann, der rauhe Forstmann, der weise Staatsmann; der geliebte König Ludwig, der Erbprinz Maximilian; Kaiser Napoleon, Vater Leopold; die Königin Sophie; die Prinzessin Luise; der Dichter Friedrich von Schiller.

2. Man schreibe folgende Wörter schön und richtig ab: der Mann, man, der Sinn, das Kinn, die Spinne, das Zinn, die Henne, die Kanne, die Tanne, die Tonne, die Sonne, brennen, er brennt, die Rinne, die Wanne, wir kennen den Mann, er kennt, du kennst ihn auch, ich kann die Pfanne heben, wir können euch, trennen, das Rennthier rennt, die Wonne, der Gewinn, dünn, sinnen, er sinnt. — (Diktirstoff.) Das kleine Kind kann noch nicht

---

ich gelte, du giltst, er gilt. Lautet der Stamm eines Redewortes auf einen Zischlaut (s, z, sch, ß) aus, so wird in der 2. Person ein e eingeschaltet; z. B. ich weise, du weisest, er weist; ich schütze, du schützest, er schützt; ich nasche, du naschest, er nascht; ich gieße, du gießest, er gießt.

laufen, denn sein Fuß ist noch zu schwach. Wenn die Sonne scheint, dann erbleicht der Mond und jeder Stern. Die Spinne spinnt ein Gewebe. Diese Kanne ist von Zinn. Wenn du rennst, so kannst du leicht fallen. Der dünne Faden reißt leicht. Der Knabe sinnt über das Wort nach.

3. Welche Wörter in der Aufgabe 2 sind Namenwörter? Schreibe sie heraus und setze sie in die erste Endung der Mehrheit! — die Männer, der Sinn, die Sinne 2c.

4. Man nenne die Dinge, welche sich im Schulzimmer befinden, in der Einheit und Mehrheit z. B. die Bank, die Bänke 2c.

5. Man schreibe folgende Wörter ab: * Kamm, Kammer, Lamm, Damm, Grimm, Schlamm, Schwamm, Stamm, Hammer, hämmern, Himmel, Schimmel, Sommer, Kummer, fromm, stumm, dumm, Schwemme, schwimmen, krumm, immer, Stimme, Schlummer, Jammer, jammern, wimmern, brummen, er kommt, schwimmen, stimmen, er nimmt, er hat genommen, Kammmacher, Schwimmmeister, Stammmutter. — Der Kammmacher macht in der Kammer einen Kamm. Das Lamm springt über den Stamm. Der Schwamm hat Löcher. Mit dem Hammer hämmert man. Der Schimmel ist ein weißes Pferd. Das böse Kind kommt nicht in den Himmel. Es macht seinen Eltern Kummer. Der Fisch ist stumm. Das Schaf ist dumm. Der Säbel ist krumm. Der Verwundete wimmert. Der Bär brummt. Der Kranke jammert. Die Gans schwimmt. Nimm die Feder mit. Unsere Stammmutter aß von der verbotenen Frucht.

*) Alle orthographischen Aufgaben müssen auch und zwar wenn möglich, in der Einheit und Mehrheit diktirt werden.

6. Man suche aus der Aufgabe 5 die Namenwörter heraus, schreibe vor sie das Geschlechtswort der, die, das und setze sie in die erste Endung der Mehrheit! — der Kamm, die Kämme, die Kammer, die Kammern u. s. f.

7. Man nenne die Dinge, welche sich im Hause befinden und schreibe sie in der Einheit und Mehrheit auf z. B. die Thüre, die Thüren 2c.

8. Man schreibe ab: die Wälle, die Ställe, die Bälle, die Fälle, schallen, hallen, holen, die Keller, die Brillen, die Gesellen, die Wellen, die Kapellen, die Erdschollen, wollen, willig, sollen, die Zellen, voll, toll, hell, schnell, still, billig, bellen, brüllen, fallen, die Quellen, die Grillen, die Krallen, knallen, lallen, prallen, rollen, stellen, zerschellen, die Stalllichter, die Schnellläufer. — Die Wälle werden aus Erde aufgeworfen. In den Ställen sind Kühe. Die Knaben haben Bälle. In die Keller stellen wir die Flaschen. Die Gesellen sollen den Meistern gehorchen. Die Kapellen sind kleine Kirchen. Die Schellen der Kühe tönen laut. Die Zellen sind kleine Stuben. Manche Hunde werden toll. Die Stalllichter brennen hell. Die Hasen laufen schnell. Die Hunde bellen. Die Löwen und Kühe brüllen. Die Blätter fallen von den Bäumen. Die Eisschollen zerschellen an den Brücken. Manche Kinder wollen nicht artig sein. Die Stimmen schallen.

9. Welche Wörter in der Aufgabe 8. sind Namenwörter? Man setze sie mit der, die, das in die erste Endung der Einheit.

10. Man nenne Säugethiere und zwar a) zahme, b) wilde, und setze sie in die Einheit und Mehrheit! (a. zahme: die Kuh, die Kühe u. s. f.)

11. Man schreibe ab: die Blätter, die Götter, die Betten, die Schnitter, die Bretter, die Datteln, die Rettige, die Schmetterlinge, die Ketten, die Mittel, die Mütter, satt, gesättigt, matt, zottig, gesotten, die Sitten, sittlich, flattern, die Ritter, die Hütten, die Futtersäcke, die Gitter, die Splitter, die Gewitter, glatt, schattig, ausgerottet, betteln, klettern, füttern, retten, wetten, zittern, er litt, er stritt, er tritt, du trittst, er ritt, die Sattler, die Statthalter, die Schlittschuhe, die Betttücher, die Schuttträger. — Die Blätter fallen ab. Die Heiden bitten die Götter um Mittel gegen die Krankheiten. Die Tischler brauchen die Bretter. Die Rettige sind oft scharf. Die Motten zerstören die Kleider. Die Nattern sind meistens unschädlich. Die Ratten haben lange Schwänze. Die

Ketten sind mitten entzwei gerissen. Die Mütter kochen die Mittagsspeisen. Die Eier sind gesotten Die Wälder sind schattig. Die Reiter ritten schnell. Die Sattler hatten Sättel gemacht. Die Betttücher sind weiß. Die Schuttträger räumen die Brandstätten.

12. Welche Wörter in der vorherstehenden Aufgabe sind Namenwörter? Man setze sie mit der, die, das in die Einheit!

13. Man nenne Vögel und zwar a) zahme und b) wilde, und setze sie in die Einheit und Mehrheit!

14. Man schreibe ab: der Rappe, die Pappel, die Klapperschlange, die Suppe, die Puppe, die Lippe, die Kappe, die Mappe, die Klappe, die Steppe, die Stoppel, die Treppe, das Wappen, die Rippe, die Klippe, der Krüppel, der Lappen, der Schoppen, doppelt, tappen, schnappen, schnippisch, schleppen, er schleppt, läppisch. — Die Pappel ist ein schlanker, hoher Baum. Der Rappe ist ein schwarzes Pferd. Die Klapperschlange hat eine Klapper am Schwanze. Der Fisch hat Schuppen. Die Lippen sind roth. Wir tranken zwei Schoppen Wein. Im Meere sind Klippen. Die Stadt hat ein Wappen. Die Treppe ist hölzern. Die Rippen schützen die Lunge und das Herz. Der Knabe hat eine Mappe. Der Esel schleppt schwere Lasten. Der Soldat wurde in der Schlacht ein Krüppel. (Mehrheit.)

15. Man bilde abgeleitete Namenwörter mittels der Nachsilbe e aus: lang, groß, kühl, dürr, dick, weit, breit, krumm, roth, blau, treu, mild, weiß, hell, naß, kurz, gut, scharf, still, spitz, streng, schwarz, hohl, glatt, stark, warm, hart, blaß, hoch, tief, schwer, kalt. — Die Länge, die Größe, die Kühle u. s. f.

16. Man bilde abgeleitete Namenwörter mittels der Nachsilbe **er** aus: Glas, Schloß, Schneide, Schule, Spiel, Schiff, Fisch, Kutsche, Schaf, Mord, Forst, Schlaf, Rom, Regensburg, Burg, Nadel, Zank, Spott, Tanz, Stadt, That; morden, tragen, backen, schlachten, warten, kaufen, trinken, malen, klagen, laufen, rauben, bienen, brauen, führen, lehren, weben; mittels **ner** und **ler** aus: Bild,

Garten, Karren, Hafen, Pforte, Glocke, Butte, Sattel, Tisch, Gürtel, Sack, Handel. — Der Glaſer, der Schloſſer u. ſ. f.

17. Man bilde Sätze darüber: der Mann, welcher die Fenſter macht, iſt ein Glaſer.

18. Man ſchreibe ab und ſetze zu den Namenwörtern das beſtimmende Geſchlechtswort: Meſſing, Neſſel, Droſſel, Roß, Roſſe, Rüſſel, Eſſig, Gaſſe, Näſſe, Fluß, Flüſſe, wiſſen, beſſer, haſſen, faſſen, eſſen, müſſen, du mußt, Baß, Bäſſe, Faß, Fäſſer, Haß, haſſen, Kuß, küſſen, laſſen, laß, muß, müſſen, ich müßte, Verdruß, Biß, Nuß, Kaſſe, Meſſe, Keſſel, Gewiſſen, Brunnkreſſe, Feſſeln, Riß, er haßt, er läßt, er faßt, er ißt. Ein gutes Gewiſſen iſt ein ſanftes Ruhekiſſen. Gaſſen ſind ſchmale Straſſen. Der Eſſig iſt ſauer. Das Schwein hat einen Rüſſel. Die Gefangenen müſſen häufig Feſſeln tragen. Die Flüſſe enthalten Waſſer. Die Regengüſſe durchnäſſen die Kleider. Der Baß brummt. Der Haß zwiſchen Mitſchülern iſt abſcheulich. Wer zu viel ißt, iſt unmäſſig. Der Eſel frißt Diſteln. Das Waſſer iſt naß. Das Faß iſt rund. Die Fäſſer ſind aus Holz gemacht. Der Biß mancher Schlangen iſt giftig. Die Biſſe toller Hunde werden ſehr gefürchtet.

19. Man bilde abgeleitete Namenwörter mittels der Nachſilbe **in** aus: Kaiſer, König, Herzog, Fürſt, Graf, Baron, Schüler, Freund, Nachbar, Feind, Wohlthäter, Gärtner, Diener, Koch, Bauer, Förſter, Wolf, Löwe, Tänzer, Sklave, Sänger, Eſel, Schneider, Schuſter, Schloſſer, Schäfer, Meiſter, Schläfer. — Die Kaiſerin, die Königin u. ſ. f.

20. Man bilde Sätze darüber: die Frau des Kaiſers heißt Kaiſerin.

21. Man bilde abgeleitete Namenwörter mittels der Nachſilbe **heit** aus: lau, ſchlau, ſchön, dumm, entſchieden, entſchloſſen, ſchlaff, ſtumpf, gleich, albern, beſcheiden, falſch, klar, träg, rein, trocken, fein, blind, geſund, frech, gemein, zart, neu, klug, taub, toll, faul, wohlfeil, gerade, rechtſchaffen, böſe. — Die Lauheit, die Schlauheit.

22. Man schreibe ab: der Herr, der Herrscher, der Narr, die Narrheit, der Karren, der Pfarrer, herrschen, herrlich, närrisch, schirren, anschirren, das Geschirr, irren, er irrt, der Irrthum, verwirren, verwirrt, die Verwirrung, starr, starren, er erstarrt, murren, er murrt, mürrisch, knarren, er knarrt, harren, er harrt, knurren, er knurrt, girren, er girrt, scharren, er scharrt. — Der Herrscher ist Herr im Lande. Der König herrscht über das ganze Reich. Die Aussicht ist herrlich. Der Narr macht dumme Streiche. In der Narrheit spricht man unvernünftig. Der Töpfer oder Hafner macht Geschirre. Die Menschen irren. Jeder von euch hat sich schon geirrt. Einen Irrthum soll man ablegen. In der Verwirrung vergißt man manche Dinge. Der Todte erstarrt. In der Kälte erstarren die Hände. Die Wagen knarren in der Kälte. Der Kranke harrt mit Sehnsucht auf den Arzt. Die Henne scharrt. Das Huhn scharrt. Alle Hühner scharren.

23. Man bilde abgeleitete Namenwörter mittels der Nachsilbe **keit** aus: mäßig, arbeitsam, ehrlich, barmherzig, biegsam, sauber, dankbar, grausam, niedrig, wachsam, freundlich, reinlich, häßlich, emsig, widerspenstig, langsam, mager, folgsam, wahrhaftig, gerecht, sparsam. — Die Mäßigkeit, die Arbeitsamkeit u. s. f.

24. Man bilde Sätze: Wer mäßig ist, hat Mäßigkeit.

25. Man bilde abgeleitete Namenwörter mittels der Nachsilbe **ung** aus: gähren, drehen, rechnen, retten, bescheeren, verleugnen, bestellen, befolgen, huldigen, vermehren, rühren, prüfen, pflanzen, krönen, warnen, heizen, kränken, lindern, pachten, fortsetzen, erzählen, erfahren, beerdigen, vermitteln, besorgen, erleuchten, ertheilen, begrüßen, ernähren. — Die Gährung, die Drehung u. s. f.

26. Man schreibe ab: der Affe, der Pfeffer, der Büffel, der Kniff, die Hoffnung, hoffen, das Schiff, der Griff, der Pfiff, pfeifen, greifen, der Stoff, der Löffel, der Neffe, der Griffel, die Waffe, der Pantoffel, der Kartoffel, die Schifffahrt, das Felsenriff, schaffen, er schafft, offen, öffnen, gaffen, treffen, er trifft, schlaff, schroff. — Der Affe

ist dem Menschen ähnlich. Der Pfeffer brennt auf der Zunge. Der Büffel gleicht dem Ochsen. Der Neffe ist ein Vetter. Der Kranke hofft Genesung. Der Soldat trägt Waffen. Der schroffe Felsen ist schwer zu besteigen. Neugierige Buben gaffen die Fremden an. Die Glieder des Kranken sind schlaff. Gott hat die Welt erschaffen. Ein gespannter Bogen wird nach und nach schlaff. Die Schiffer schiffen auf dem Meere. Die Schifffahrt bringt den Kaufleuten Nutzen.

27. Setze die in der Aufgabe 26. vorkommenden Namenwörter in die zweite Endung der Einheit! — Des Affen, des Pfeffers u. s. f.

28. Man bilde abgeleitete Namenwörter mittels der Nachsilbe **ling** aus: früh, neu, lieb, setzen, spät, wild, pflegen, fremd, erst, lehren, miethen, jung, schwach, Hof, Flucht, Taufe, Daumen, Haupt, Hanf, Zucht, Jahr, Gunst, Fund.

29. Man bilde abgeleitete Namenwörter mittels der Nachsilbe **thum** und **schaft** aus: Kaiser, König, Fürst, Herzog, Heide, Christ, Bürger, Priester. — Genosse, Herr, Kamerad, Wirth, Bruder, Mann, Gevatter, Dorf, Vormund, Schwester, Freund, Feind, Vetter, Graf, Meister. — Kaiserthum, Königthum u. s. f.

30. Man schreibe ab: die Glocke, der Stock, der Bock, der Rock, die Mücke, der Zucker, der Rücken, die Krücke, das Glück, drücken, tückisch, gebückt; der Satz, der Blitz, die Mütze, das Geschwätz, die Ergötzung, der Witz; der Kukuk, die Pauken; der Weizen, das Kreuz; die Ebbe, der Widder, die Dogge, die Egge, die Flagge, der Roggen. — Die Glocke ist auf dem Thurm. Karl schlägt den bösen Bock mit dem Stocke. Die Mücke kann nicht durch den Rock stechen. Der Zucker ist süß. Der Invalide schlug den Hund mit der Krücke auf den Rücken. Es ist ein Glück, gute Eltern zu haben. Der Mörder drückte dem schlafenden Manne den Hals zu. Mancher Hund ist tückisch. Es macht mir Freude den Kukuk schreien zu hören. Bei der Ebbe fließt das Meer zurück. Der Widder

stieß mit den Hörnern auf die bellende Dogge. Der Bauer macht den Boden mit der Egge locker; dann baut er Roggen hinein. Die Flagge ist auf dem Schiffe.

31. Man suche die Namenwörter aus der vorstehenden Aufgabe und setze sie in die dritte Endung der Einheit! — der Glocke, dem Stocke, dem Bocke u. s. f.

32. Man bilde abgeleitete Namenwörter mit der Nachsilbe **lein** und **chen** aus: Kind, Schiff, Auge, Tuch, Stube, Nase, Rose, Blume, Fisch, Ring, Tisch, Bock, Stock, Knabe, — Haus, Lamm, Fuß, Dorf, Rad, Base, Blatt, Glas, Faß, Kranz, Korb, Hand, Stadt, Maus, Taube, Stube. Grube. — Das Kindlein, das Schifflein u. s. f.

33. Man bilde Sätze darüber: Ein kleines Kind heißt Kindlein.

34. Man bilde abgeleitete Namenwörter mittels der Nachsilbe **ei, sal, sel** und **niß**: Weber, Brauer, Bäcker, Schäfer, Reiter, Zauber, Konditor, Schlosser, Bettel, — scheuen, laben, schicken, trüben, — rathen, hacken, überbleiben, anhangen, — gleichen, erleben, erkennen, betrüben, geheim, finster, faul, wild. — Die Weberei, die Brauerei u. s. f.

35. Schreibe ab: der Dampf, dämpfen, der Kampf, kämpfen, empfinden, empfangen, der Pfahl, der Pfarrer, pfiffig, das Pferd, die Pfirsiche, die Pflanze, die Pflicht, der Pflug, pflügen, pflücken, die Pfote, der Pfropf, die Pfütze, der Schimpf, der Strumpf, der Sumpf, der Rumpf, die Pforte, der Pflock, die Impfung, die Pflaume, der Pfuscher. — Wenn das siedende Wasser dämpft, bildet sich Dampf. Der Soldat muß in den Kampf, um für das Vaterland zu kämpfen. Wenn wir einen Schlag empfangen, so empfinden wir Schmerz. Gute Sitten empfehlen den Menschen. Der Impfarzt impft die Kinder. In den Zäunen stecken viele Pfähle. Feigheit ist ein Schimpf für den Soldaten. Pferde stampfen auf den Boden. Die Pflaumen und die Pfirsiche wachsen auf Bäumen. Mit dem Pflug pflügt man den Acker. Ein pfiffiger Mensch ist listig.

36. Man suche aus der vorstehenden Aufgabe die Namenwörter und setze sie in die vierte Endung der Einheit! — Den Dampf, den Kampf u. s. f.

37. Bilde zusammengesetzte Namenwörter aus: Amt und Diener, Ordnung und Liebe, Handlung und Diener, Sprache und Uebung, Birne und Baum, Apfel und Baum, Knabe und Schule, Kind und Freund, Kleid und Bürste, Leben und Regel, das Thier im Hause, das Glas zum Wein, die Uebung in der Rede, der Käfer im Mai, der Kamm im Haare, der Hund im Hause, der Herd zum Kochen, die Feder zum Schreiben. — Der Amtsdiener, die Ordnungsliebe u. s. f.

38. Gib 12 Eigennamen und zwar Personennamen an und setzte sie in die erste und zweite Endung der Einheit **mit** und **ohne** Geschlechtswort und gebrauche bei der zweiten Endung ein regierendes Namenwort. z. B. der Karl, Karl, die Aufgabe des Karl, die Aufgabe Karls.

39. Man bilde zusammengesetzte Namenwörter aus: das Dach des Hauses, der Herr des Hauses, die Thüre des Hauses, die Knospe der Rose, das Alter des Knaben, das Alter des Jünglings, das Alter des Mannes, das Alter des Greises, das Thor der Stadt, die Wache der Stadt, der Magistrat der Stadt, der Tag des Namens, der Tag der Geburt, die Liebe der Mutter, die Wärme der Sonne, die Wärme des Ofens, der Schein der Sonne, der Schein des Mondes. — Das Hausdach, der Hausherr 2c.

40. Man gebe 12 Eigennamen und zwar Personennamen in Verbindung mit einem Gattungsnamen an, setze sie in die erste und zweite Endung der Einheit **mit** und **ohne** Geschlechtswort und gebrauche bei der zweiten Endung ein regierendes Namenwort; z. B. der Kaiser Maximilian, Kaiser Maximilian; der Tod des Kaisers Maximilian, der Tod Kaiser Maximilians; der König Ludwig, König Ludwig, die Regierung des Königs Ludwig, die Regierung König Ludwigs (oder König Ludwigs Regierung).

41. Man schreibe ab: die Vernunft, der Verstand, der Vetter, der Vater, das Veilchen, das Vieh, vier, vierzehn,

der Vogel, das Volk, die Larve, der Frevel, die Nerve, die Olive, das Pulver, der Sklave, der Vers, das Klavier, die Lava, der Vulkan, brav, viel, voll, vollkommen, vor, von, vorn, davon, die Vorsicht, verrechnen, verfertigen. — Vernunft und Verstand sind Geistesgaben. Ein Vetter besuchte heute unsern Vater. Das blaue Veilchen duftet lieblich. Wir haben vierzehn Stück Vieh im Stalle. Der Vogel flog davon. Das Volk verlangte die Bestrafung des Frevlers. Die Schmetterlinge und Käfer sind zuerst Larven. Die Ringkämpfer der alten Griechen rieben sich die Glieder mit Olivenöl ein, um Muskeln und Nerven zu stärken. Mit dem Pulver ladet man die Flinte. Das Gedicht hat viele Verse. Der Vulkan wirft Lava aus.

42. Man suche aus vorstehender Aufgabe die Namenwörter heraus und setze sie, wo es geht, in die zweite und dritte Endung der Mehrheit! — (Vernunft und Verstand haben keine Mehrheit.) Der Vetter, den Vettern, der Väter, den Vätern u. s. f.

43. Man setze die nebeneinanderstehenden Wörter auf doppelte Art zusammen! — Gras und Garten, Vogel und Haus, Haus und Brod, Garten und Blume, Uhr und Tasche, Feder und Hut, Salz und Stein, Baum und Oel, Rath und Haus, Karten und Spiel, Wein und Stein, Baum und Garten, Salz und Quelle, Finger und Ring, Schuh und Schnalle, Feld und Schlacht, Land und Vater. — Der Grasgarten, das Gartengras u. s. f.

44. Man bilde Sätze darüber: Das Gras im Garten ist ein Gartengras, der Garten mit Gras ist ein Grasgarten.

45. Man setze folgende Namenwörter in die dritte Endung in der Einheit und in die dritte Endung in der Mehrheit! — Der Vater, die Mutter, der Bruder, die Schwester, das Kind, der Garten, die Rose, die Haut, das Haus, der Vogel, das Dach, die Seele, das Dorf, das Tuch, der Mohr, das Moor, das Vogelhaus, die Gartenblume, das Rathhaus, der Blumengarten, der Hausvogel, das Hausgeräth, die Salzquelle, die Uhrtasche, die Taschenuhr. — Dem Vater, den Vätern u. s. f.

Aufgaben über das Eigenschaftswort.

46. Man schreibe ab: der Athem, die Armuth, die Blüthe, die Demuth, der Draht, die Fluth, das Gemüth, die Glut, der Koth, das Loth, die Miethe, der Muth, die Naht, die Noth, der Pathe, der Rath, roth, die Ruthe, das Thal, der Thaler, die That, thätig, der Thau, der Thee, der Thon, das Thor, der Thor, thöricht, die Thräne, der Thron, thun, der Thurm, die Thür, das Ungethüm, vertheidigen, werth, der Wirth, die Wuth, der Zierrath. — Der Todte hat keinen Athem mehr. Auch der Reiche kann in Armuth gerathen. Der Baum blühte und hatte unzählige Blüthen. Die Demuth ist dem Stolz entgegengesetzt. Ein glühender Draht lag in der Gluth. In dieser Wohnung ist die Miethe sehr theuer. Aus Thon macht der Töpfer Geschirre. Das Thor der Stadt ist geöffnet. Der Thor handelt thöricht. Die Soldaten vertheidigen das Vaterland.

47. Man setze zu den Namenwörtern der vorausgehenden Aufgabe passende Eigenschaftswörter! — Der kurze Athem, die beschwerliche Armuth u. s. f.

48. Man bilde Eigenschaftswörter mittels der Nachsilbe ig aus: Saft, Blut, Sand, Berg, Sumpf, Wind, Durst, Hunger, Frost, That, Kraft, Noth, Flucht, Gnade, Glaube, Stein, Salz, Nuß, Wald, Staub, Zorn, Rost, Ruhe, Wolke, Wille, Feuer, Wasser, Güte, Muth, List, Hitze, Schmutz. — saftig, blutig, sandig u. s. f.

49. Man bilde Sätze darüber: die Birne ist saftig. Das Fleisch ist blutig.

50. Man bilde Eigenschaftswörter mittels der Nachsilbe lich von: Vater, Mutter, Mann, Jugend, Kind, Ost, West, Süd, Nord, Fürst, Freund, Bild, Mund, Schrift, Wort, Kauf, Jahr, Lob, Ruhm, Nutzen, Strafe, Gott; arm, roth, grau, blau, braun, lang, schwarz, zart, schwach, krank, gelb, weiß, grün, rund, süß, lieb, weich, bitter, treu, schwer; dienen, schaden, begreifen, bewegen, laufen, schaden, tödten, trösten, sterben, dienen. — väterlich, mütterlich u. s. f.

51. Man schreibe ab: ein Aar, ein Aal, ein Aas, ein Haar, ein Härchen, ein Paar, ein Pärchen, ein Saal, Säle, eine Saat, eine Schaar, ein Staar, ein Staat, eine Waare, baar, ein Bär, ein Däne, gemäß, ein Hausgeräth, eine Gräte, eine Kartätsche, ein Käfer, ein Käse, nächst, nämlich, prägen, ein Säbel, quälen, eine Säge, schämen, schräg, spät, träge, eine Ähre, ein Lärm, eine Mähne, eine Mähre, ein Mädchen, eine Säule, ein Schädel, eine Thräne, ähnlich, jäh = gäh, gräßlich, zäh, ächzen, blähen, gähnen, krähen, mähen, säen, sägen, schmähen, schmälen, spähen, während, wähnen, versäumen. — Ein Aar heißt auch Adler. Ein Aas ist ein todtes Thier. Ein kleines Haar, ein Härchen, ist ihm ausgefallen. Ein Paar Schuhe bekam das Mädchen. Eine Schaar Soldaten ging durch eine Saat. Ein Staar ist ein Vogel. Eine Waare soll man baar zahlen. Ein Bär zerriß eine Magd. Im Käse war ein Käfer. Ein Saal ist ein großes Zimmer.

52. Man setze zu den Namenwörtern der vorausgehenden Aufgabe passende Eigenschaftswörter! — Ein edler Aar, ein stinkendes Aas u. s. f.

53. Man bilde Eigenschaftswörter mittels der Nachsilbe icht und isch! Haar, Talg, Harz, Horn, Brand, Kupfer, Nerve, Wolle, Oel, Schwamm, Thor, Dorn, Holz; — Regensburg, Köln, Rhein, Spanien, Tücke, Mißtrauen, Neid, Argwohn, Heuchler, Knecht, Weib, Dieb, Thier, Narr, Zank, Stadt, Bauer, Himmel, Hölle, Laune, Barbar, Prahler, Sturm, Spott, Partei. — haaricht, talgicht u. s. f.

54. Man schreibe ab: Beere, Scheere, Blumenbeet, Flußbeet, Heer, Klee, Meer, See, Schnee, Speer, Thee, Theer, Allee, Armee, Idee, Kameel, Kaffee, Seele, leer, scheel; Boot, Loos, Moos, Moor, Soole. — Die Erdbeeren, Brombeeren und Schwarzbeeren wachsen im Walde. Die Scheere schneidet. Im Blumenbeet darf kein Unkraut geduldet werden. Viele Regimenter Soldaten bilden ein Heer oder eine Armee. Der Klee ist ein gutes Futter. Das Meer heißt auch die See. In der Allee gehen wir

spazieren. Der Speer ist ein langer Spieß. Der Fuhrmann schmiert die Räder mit Theer. Franklin kam auf die Idee, den Blitz durch Blitzableiter unschädlich zu machen. Das Boot ist ein kleines Schiff. Die Schiffbrüchigen haben ein trauriges Loos. Das Moos wächst an Bäumen und auf dem Boden. Das Moor ist ein Ort, an dem man Torf gräbt. Aus der Soole wird Salz gesotten.

55. Man setze zu den Namenwörtern der vorausgehenden Aufgabe passende Eigenschaftswörter ohne Geschlechtswort! — Süße Beere, scharfe Scheere, duftendes Blumenbeet u. s. f.

56. Man bilde Eigenschaftswörter mittels der Nachsilbe **bar**: Furcht, Frucht, Kosten, Zins, Dank, Dienst, Mann, Schande, Nutzen, Steuer, Zoll; fehlen, fühlen, fahren, essen, dehnen, denken, brauchen, brennen, halten, heilen, hören, lesen, messen, nutzen, kennen, reizen, schließen, schmelzen, spinnen, schmelzen, trinken, tragen, wägen, danken, kosten, strafen, zählen, genießen, achten, ausführen. — furchtsam, furchtbar u. s. f.

57. Man bilde Sätze darüber: Die Feuersbrunst ist furchtbar. Der Baum ist fruchtbar.

58. Man bilde Eigenschaftswörter mittels der Nachsilbe **sam** und **ern**: biegen, lenken, bilden, rathen, achten, arbeiten, behüten, betreiben, dulden, empfinden, folgen, gehorchen, genügen, regen, sparen, wachen, sorgen, wirken, heilen, fürchten, Sitte, Gewalt, Friede, Mühe; — Holz, Bein, Blech, Blei, Zinn, Kupfer, Eisen, Messing, Silber, Stein, Glas, Wachs, Flachs, Hanf, Leder, Stahl, Eiche, Buche.

59. Man bilde Sätze: Der Stock ist biegsam. Das Pferd ist lenksam.

60. Man schreibe ab: Brief, Dieb, Dienst, Glied, Hieb, Kiel, Knie, Krieg, Lied, Sieb, Miene, Miethe, Priester, Siegel, Schiefer, lieb, schief, tief, bieder, niedrig, schwierig, gierig, ziemlich, wieder (= nochmal), wider (= gegen), wie, sie, hier, biegen, bieten, bienen, fliegen,

fliehen, fließen, kriechen, liegen, riechen, schieben, spielen, sieben, verlieren, ziehen. — Der Vetter hat einen Brief geschrieben. Der Dieb stahl einen Siegel. Der Kriegs= dienst ist beschwerlich. Der Körper hat Glieder. Mit einem gewaltigen Hieb streckte er ihn zu Boden. Die Gänsekiele sind zum Schreiben die besten u. s. f.

61. Man setze zu folgenden Eigenschaftswörtern pas= sende Namenwörter! — weiß, schwarz, roth, gelb, grün, blau, grau, rund, eckig, länglich, spitzig, eben, sauer, süß, arbeitsam, artig, groß, klein, breit, lang, theuer, wohlfeil, heiß, warm, todt, tödtlich, eßbar, fleißig, faul. — a) Das weiße Ei, die schwarze Kohle u. s. f. b) Das Ei ist weiß. Die Kohle ist schwarz u. s. f.

62. Man bilde Eigenschaftswörter mittels der Nach= silbe **los**: Grund, Farbe, Verdienst, Mutter, Zweck, Herz, Geist, Brod, Kind, Beispiel, Arbeit, Leben, Boden, Sprache, Name, Rettung, Geschmack, Erbarmung, Ehre, Hoffnung, Scham, Schlaf, Tadel, Liebe, Athem, Erfolg, Plan. — — grundlos, gesetzlos u. s. f.

63. Man bilde Sätze: Der Boden ist grundlos. Der Arbeiter ist verdienstlos.

64. Schreibe ab und setze zu den Namenwörtern das bestimmende Geschlechtswort! — Kuh, Reh, Floh, Vieh, Stroh, Schuh, Ehe, Höhe, Krähe, Mühe, Reise, Reue, Ruhe, Seiher, Lohn, Kahn, Huhn, Hohn, Hahn, Bahn, Mohn, Wahn, Zahn, Lehm, Ruhm, Rahm, Ohm, Jahr, Ohr, Rohr, Ruhr, Uhr, Mahl, Aehre, Ehre, Ahle, Dohle, Kehle, Kohle, Sohle, Bohne, Bühne, Fahne, Lehne, Mähne; hohl, kahl, kühl, kühn, lahm, wahr, wohl, zahm, froh, früh, nahe, rauh, roh, wehe, zähe; glühen, nähen, stehen, sieht, sprühen. — Der Diener erhält einen Lohn. Der Kahn ist ein kleines Schiff. Das Huhn ist eine junge Henne. Hohn und Spott thun sehr weh. Der Hahn kräht. Im Winter muß durch den Schnee eine Bahn geschaufelt werden. Der Mohn blüht in den Gärten. Der Wahn ist eine falsche Meinung u. s. f.

65. Man steigere folgende Eigenschaftswörter: schwer, schön, nützlich, schnell, schmal, zart, klar, glatt, blank,

flach, blaß, bange; grob, alt, arg, arm, groß, hart, krank, kurz, lang, scharf, schwarz, stark, warm, — schwer, schwerer, am schwersten u. s. f.

66. Man bilde Eigenschaftswörter mittels der Vorsilbe un: glücklich, selig, freundlich, klar, verständlich, merklich, thätig, ruhig, aufmerksam, frei, werth, fähig, würdig, mäßig, artig, förmig, willig, glaublich, fleißig.

67. Man bilde Eigenschaftswörter mittels der Nachsilbe haft aus: Ernst, Fabel, Glaube, Herz, Laster, Mangel, Meister, Riese, Schaden, Scham, Scherz, Schmerz, Schüler, Sünde, Stand, Tadel, Tugend; flattern, leben, schmeicheln, schwatzen, böse, krank.

68. Man schreibe ab und setze zu den Namenwörtern das nichtbestimmende Geschlechtswort: Heu, Kreuz, Ungeheuer, Seufzer, Seuche, Scheune, Reue, Leuchter, Leute, Keule, Beute, Freude, Euter, Eule, Leumund, Meuchelmörder, Steuer, Streu, Seidenzeug, Beutel, Beule, Zeug, Spreu, Freund; neu, neun, feucht, scheu, treu, abscheulich, heuer, theuer, ausbeuten, beugen, freuen, deuten, heucheln, heulen, keuchen, leuchten, leugnen, reuen, ausreuten, scheuen, seufzen, verleumden, zeugen, das Zeugniß. — Das Kreuz ist ein Zeichen der Ehre. Der Haifisch ist ein Ungeheuer des Meeres u. s. f.

69. Man bilde Eigenschaftswörter, indem man ig oder lich zu folgenden Wörtern setzet: Herz, Freund, Wille, innen, ganz, Wolle, Ende, Haß, Eile, Schmerz, voll, Heil, Wind, Zeit, reich, Knolle, merken, Holz, sparen, Mensch, Gift, Kunst, Maß, nieder, Macht, Spitze. — herzlich, herzig, freundlich, willig u. s. f.

70. Man bilde zusammengesetzte Eigenschaftswörter aus: taub und stumm, roth und braun, platt und deutsch, dumm und stolz, toll und kühn, klein und laut, lieben und reich, sieben und heiß, frei und willig, offen und kundig, voll und blutig, arm und selig, leicht und gläubig, gut und willig, bös und willig, bunt und färbig; Stein und alt, Blut und jung, Pfeil und schnell, Fels und fest, Schmerz und los, Kraft und voll, Stern und

hell, Wort und arm, Wage und recht, Milch und weiß, Stein und reich, Wachs und gelb, Fuchs und roth, Blut und roth, Gras und grün, Baum und stark, Maus und todt, Leute und scheu, Haus und hoch, Eis und kalt. — taubstumm, rothbraun u. s. f.

Aufgaben über das Zeitwort (Redewort).

71. Man wandle folgende Zeitwörter in der thätigen und leidenden Form ab: loben, schlagen, meiden, kleiben, leiten, läuten, nisten (ohne Passiv), gießen, (goß, gegossen) schießen, binden (band, gebunden), stehlen (stahl gestohlen), fangen (fing, gefangen), nehmen (ich nehme, du nimmst, er nimmt, ich nahm, ich habe genommen), bitten (bat, gebeten), treffen (traf, getroffen).

72. Folgende Redewörter verdoppeln jederzeit, so oft sie bei der Ablautung den Vokal i bekommen, den nachfolgenden Consonanten. Wandle sie in der thätigen Form ab! — Treten, greifen, kneifen, pfeifen, schleifen, gleiten, reiten, schreiten, streiten, schneiden, leiden.

73. Man setze folgende Redewörter in die dritte Person der erstvergangenen Zeit: begehren, bohren, dehnen, entbehren, fahren, führen, gähnen, gähren, gebühren, verhehlen, kehren, lehren, lehnen, mahlen (das Mehl mahlen), mahnen, rühren, sehnen, versöhnen, wählen, wohnen, wühlen, zahlen, zählen, dröhnen; holen, hören, malen (ein Bild malen), empören, sich schämen, scheren, schüren, schälen, schonen, stören, tönen, verschönern, förbern, gönnen, können, mögen, löschen, schwören (einen Eid), schwären (eitern).

74. Bilde aus folgenden Hauptwörtern Redewörter: Anfang, Kampf, Streit, Wurf, Wunsch, Fund, Handel, Kranz, Schall, Laut, Ruf, Rath, Band, Stelle, Gesang, Gehör, Gang, Bild, Kleidung, Sprache, Dienst, Heer, Kraft, Hilfe, Schlaf, Schwäche, Wage, Tadel, Spiel, Furcht, Ruhe, Neid, Lob, Grund, Theil, Blut, Zahl, Freude, Arbeit. — anfangen, kämpfen u. s. f.

75. Man bilde Redewörter aus: Aergerniß, Kümmerniß, Hinderniß, Bedürfniß, Erzeugniß, Bekenntniß, Behältniß, Verhältniß, Verzeichniß, Erlaubniß, Betrübniß, Besorgniß, Erkenntniß, Verdammniß, Zeugniß, Fäulniß, Gefängniß, Gleichniß, Brauerei, Bettelei, Druckerei, Färberei, Gerberei, Jägerei, Fischerei, Heuchelei, Schmeichelei, Betrügerei, Plauderei, Tändelei, Spielerei, Rauferei, Zänkerei, Prügelei, Reiterei, Mühe, Würze, Würger, Zunder, Wühler, Erschütterung, Uebung, Rührung, Rüge, Prüfung, Knopf, Gluth, Gebühr, Führung, Gefühl, Fülle, Dünkel, Gebrüll, Blüthe, Trübsal. — Z. B. ärgern, kümmern u. s. f.

76. Man bilde abgeleitete Redewörter mittels der Nachsilbe **eln** und **ern** aus: Schlange, Schwanz, Frost, Kunst, Grube, Gang, krank, klug, fromm, lachen, saufen, streichen, schnitzen, brocken, spotten, tupfen, tropfen; — Folter, Hunger, Hammer, Schlaf, Ruder, Jammer, Futter.

77. Man bilde abgeleitete Redewörter mittels der Vorsilbe **be**: ehren, folgen, lassen, fallen, legen, streuen, graben, gleiten, kommen, erben, schreiben, handeln, kennen, deuten, finden; — **emp**: fangen, finden, fehlen; — **ent**: lassen, bieten, brennen, fallen, gleiten, kommen, erben, reißen; — **er**: folgen, lassen, kennen, klären, mahnen, finden, tönen, schrecken, handeln, freuen; — **ver**: ehren, folgen, lassen, ändern, bieten, brennen, streuen, schreiben, brauchen, kennen; — **zer**: fallen, legen, reiben, stören, reißen; — **miß**: fallen, billigen, brauchen, handeln, kennen, deuten, können.

78. Trenne nachfolgende zusammengesetzte Redewörter nach ihrer Zusammensetzung: vollziehen, einnehmen, annehmen, niederknieen, loslassen, herrichten, hinfallen, zumachen, abladen, abbitten, fortreisen, fortreißen, vorbeten, vorladen, nachgeben, mitmachen, beiwohnen, ausarten, auffassen, vollenden, vollziehen, vollbringen, widersprechen, widerstehen, wiederholen, wiederbringen, umhauen, umhängen, unterstützen, untersuchen, überwinden, übersehen, hinterlassen, hintergehen, durchfallen, durchbringen. — Z. B. voll-ziehen, ein-nehmen, an-nehmen u. s. f.

79. Man drücke jede der nachfolgenden Redensarten durch ein einziges Redewort aus! Der König (gibt Sold). Dieser Mann ist (mit Gütern versehen) Die Liebe zu Gott (macht selig). Großer Lärm (macht taub). Der Lehrling wurde von dem Meister (übel behandelt). Meine Feinde haben mir das Glück (nicht gegönnt). Ich habe den Baum (an eine andere Stelle gesetzt). Die Bäume haben (zu blühen aufgehört). Die Kette ist (mit Gold überzogen). Der Knabe hat den Baumgipfel (durch Klettern erreicht). Ein gutes Gewissen (macht heiter) Jedermann. Die Götzenpriester (brachten ein Opfer). Die Kirschen (werden reif). Ich mache schwarz. Ich fühle Durst. Die Blumen (werden welk). Du willst uns (Angst machen). Auf der Wiese wird das Gras (mit der Sense abgehauen). — Z. B. Der König besoldet. Dieser Mann ist begütert u. s. f.

80. Man mache das Zeitwort zum Hauptwort und bringe die nothwendigen Veränderungen an! Der Wolf heult fürchterlich. Der Adler fliegt hoch. Der Hund bellt heftig. Der Baum wächst langsam. Der Lehrer unterrichtet gründlich. Das Gold glänzt hell. Der Löwe brüllt furchtbar. Der Esel tritt sicher. Die Kinder freuen sich herzlich. Der Sterbende leidet entsetzlich. Der Vater verfährt strenge. Das Kind vertraut arglos. Columbus entdeckte Amerika. Guttenberg erfand die Buchdruckerkunst. Wir bewohnen Bayern. Die Soldaten vertheidigen das Vaterland. Der Hund bewacht das Haus. Salz würzt die Speise. Die Römer eroberten viele Länder. Der Fuchs feindet die Hühner an. — Z. B. Das Geheul des Wolfes ist fürchterlich. Der Flug des Adlers ist hoch.

81. Man setze nachfolgende Sätze in alle Zeiten! Der Vater liebt den Sohn. Du liebst deine Mutter. Ich trage meine Bücher nach Hause. — Ich werde von meinen Aeltern geliebt. Du wirst von deinem Lehrer gelobt.

Das Vaterland wird von den Soldaten vertheidigt. Die Schafe werden von den Wölfen zerrissen.

82. Man verbessere in nachfolgenden Sätzen die vorhandenen Sprachfehler! Der Knabe ist an einem tollen Hundsbisse gestorben. Man brachte den Kranken in ein mäßiges warmes Zimmer Sein Vater war ein lederner Handschuhmacher. Die Gegend ist überaus schön und reizbar. Wir mußten ungegessen nach Hause gehen. Er hat fromm gelebt und selig gestorben. Er bediente sich zum Zeichnen eine Rabenfeder. Der Frost schadet die Bäume. Er kennt Ihnen gut. Ich habe kein Geld nicht mehr. Wir haben dort Niemanden nicht gesehen. Wenn ist der Vetter gestorben? Er sprach mit dem gutem, freundlichem Manne. Ich ging spazieren, und da sah ich einen Schmetterling, und da wollte ich ihn fangen, und da flog er fort, und da ging ich nach Hause. Diese Bank ist zwei Füße lang. Vier seine Söhne sind Soldaten. Ich habe mir 4 Bücher Papier gekauft. Mein Vater hat viele Buch. Meine Schwester hat blaue Band auf dem Hute. Dein Vater ist ein wollener Strumpfwirker. Vor Schrecken war ich bereits todt. Der Hingerichtete ist beinahe todt. Wer sind sie? Ich war ein Schneider.

83. Man theilt bei der Wortbildung die Wörter ein in Wurzel=, Stamm=, abgeleitete und zusammengesetzte Wörter. Die Wurzelwörter sind gewöhnlich Redewörter. Man bilde nun aus folgenden Wurzeln durch Ablautung Stämme: binden, brechen, biegen, ziehen, beißen, wachsen, bringen, finden, schwingen, springen, trinken, zwingen, helfen, sprechen, geben, liegen, messen, fliegen, fließen, fließen, gießen, schießen, schließen, schwören, trügen. — Z. B. binden — das Band, der Bund; brechen — der Bruch u. s. f.

84. Wie heißt die Wurzel nachfolgender Stämme? blank, glatt, zähe, die Grube, der Wuchs, der Dienst, der Wurf, der Ritt, der Trieb, der Drang, der Biß, der Zug, der Bug, der Bruch, das Band, der Zwang, die Hilfe, der Spruch, die Sprache, die Gabe, die Lage, der Flug,

die Flucht, der Schuß, der Schluß, der Guß, der Fluß, das Geld, die Geschichte, das Gesicht, der Stachel, der Strich. — Z. B. blank von blinken, glatt von gleiten, zähe von ziehen u. s. f.

85. Die abgeleiteten Wörter oder Sproßformen werden durch Endungen, durch Vor= und Nachsilben von den Stamm= und Wurzelwörtern gebildet. Man bilde nun abgeleitete Redewörter von folgenden Stämmen: Trank, Flucht, Fall, Drang, glatt, stark, schwach, warm, lahm, rein, Fisch, Gras, Schiff, Pflug, Hammer, Nase, Spott. — Z. B. Trank = tränken, rein = reinigen, Spott = spötteln u. s. f.

86. Jeder Satz mit einem zielenden Redeworte kann von der thätigen in die leidende Form gesetzt werden. In diesem Falle wird die 1. Endung (Subject) mit der Präposition von in den von ihr regierten Casus und die 4. Endung (Object) in die 1. Endung gesetzt. Kommt das unbestimmt persönliche Fürwort man vor, so bleibt dieses in der leidenden Form aus oder man sagt nur es dafür; z. B Der Vater liebt den Knaben = von dem Vater wird der Knabe geliebt. Man verfolgte den Feind = der Feind wurde verfolgt.

a) Man setze nun folgende Sätze von der thätigen in die leidende Form: Die Mutter liebt den Sohn. Der Lehrer strafte den faulen Schüler. Der Gärtner hat den Baum im Garten begossen. Der reiche Mann hatte vier arme Kinder gekleidet. Der Vater wird der Tochter einen seidenen Schirm kaufen. Im nächsten Jahre werden die Landleute den Roggen um diese Zeit schon eingefahren haben. Selten sehen wir Kometen. Hast du deine Aufgabe schon geschrieben? Er ehrt und achtet seine Vorgesetzten. Du wirst den Fürsten sehen. Man hat mich beleidigt. Man fand gestern auf der Landstraße einen erfrornen Mann.

b) Von der leidenden in die thätige Form: Die Glocken werden von dem Meßner geläutet. Schwächliche Greise wurden von den Scythen getödtet. Die verirrten

Wanderer sind von den wilden Thieren aufgefressen worden. Von Kindern, von welchen die Eltern immer geliebt worden sind, ist das Gebot Gottes erfüllt worden. Wir waren von unsern Freunden überrascht worden. Ihr werdet von Jedermann geliebt werden, wenn von euch jede kindliche Pflicht erfüllt werden wird. Die Feinde werden von uns besiegt worden sein, ehe es von ihnen vermuthet werden wird. Fleißige Kinder werden belobt. Faule Tagdiebe werden getadelt. Kaiser Maximilian von Mexiko wurde von seinen grausamen und verkommenen Gegnern erschossen. Sie werden von dem gerechten Gott im Himmel dafür gezüchtigt werden.

Die übrigen Redetheile.

Wir haben jetzt kennen gelernt:

1) das Namenwort mit dem Geschlechtsworte, 2) das Eigenschaftswort, 3) das Redewort.

Außer diesen drei Redetheilen gibt es noch folgende:

4) das Zahlwort: eins, zwei, der erste, der zweite, manche, viele, alle.

5) Das Fürwort und zwar:

a) das persönliche Fürwort: ich, du, er, wir, ihr, sie; — ich, meiner, mir, mich; wir, unser, uns, uns; — du, deiner, dir, dich; ihr, euer, euch, euch; — er, sie, es; seiner, ihrer, seiner; ihm, ihr, ihm (sich); ihn, sie, es (sich); sie ihrer, ihnen (sich), sie (sich);

b) das Besitz anzeigende Fürwort: mein, dein, sein, unser, euer, ihr;

c) das hinweisende Fürwort: dieser, diese, dieses; jener, jene, jenes; derselbe, dieselbe, dasselbe; derjenige, diejenige, dasjenige, (der, die, das);

d) das zurückbeziehende und fragende Fürwort: welcher, welche, welches (der, die, das); wer? was? wessen? wem? wen?

e) das unbestimmte Fürwort: Jemand, Niemand, Jedermann.

6) Das **Umstandswort** und zwar des Ortes (wo? wohin? woher?); z. B. hier, da, dort, unten, oben u. s. f. — der Zeit (wann? seit wann? wie lange?); z. B. jetzt, bald, heute, morgen u. s. f. — der Art und Weise (wie?); z. B. ziemlich, sehr, gar, beinahe, ja, nein u. s. f. Als Umstandswörter der Art und Weise stehen auch die Eigenschaftswörter, wenn sie sich auf ein Redewort beziehen, z. B. das Pferd läuft (wie?) schnell.

7) Das **Verhältnißwort**, von welchen
a) die zweite Endung regieren: anstatt, statt, dießseits, jenseits, halber, kraft, innerhalb, außerhalb, oberhalb, unterhalb, inmitten, laut, mittels, vermittels, um — willen, unfern, unerachtet, ungeachtet, unweit, vermöge, während, wegen, hinsichtlich, rücksichtlich, zeit. — Die zweite und dritte Endung regieren: längs, zufolge, trotz;
b) die dritte Endung regieren: aus, außer, bei, binnen, entgegen, gegenüber, gemäß, mit, nach, nächst, nebst, sammt, seit, von, zu und zuwider;
c) die vierte Endung regieren: durch, für, gegen, ohne um, wider;
d) die dritte Endung (wo?) und die vierte (wohin?) regieren: an, auf, hinter, in, neben, über, unter, vor, zwischen.

8) Das **Bindewort**, z. B. und, auch, sowohl, als auch, aber, allein, sondern, daher, darum, deßhalb, also; — weil, da, daß, damit, wenn, falls, obgleich, obschon, obwohl, wie — so, je — desto, während, als, indem, nachdem, ehe, ob u. s. f.

9) Das **Empfindungswort**, z. B. ju! juhe! halloh! ei! o! ah! potztausend! weh! ach! bst! ha! ha! ha! tralala! u. s. f.

Kurze Satzlehre.

Ein Satz entsteht, wenn man von einer Person oder Sache etwas aussagt. Das Wort, von dem etwas ausgesagt wird, heißt Subjekt, die Aussage heißt Prädikat;

z. B. Gott (Subjekt) ist ein Geist (Prädikat). Das Wörtchen ist wird auch das Satzband oder die Copula genannt. Ein Satz, welcher nur die nothwendigen Satztheile: Subjekt, Prädikat und Copula hat, wird einfach oder nackt genannt.

87. **Aufgabe.** a) **Was ist das Ding?** Hund Hausthier. Esel Lastthier. Biene Insekt. Karpfe Fisch. Stuhl Zimmergeräth. Schöpflöffel Küchengeräth. Eßlöffel Tischgeräth. Kehrwisch Hausgeräth. Egge Feldgeräth. Rock Kleidungsstück. Gans Schwimmvogel.

b) **Wie ist das Ding?** Hund treu. Schaf geduldig. Hase furchtsam. Pferd muthig. Elster scheu. Dohle diebisch. Fisch stumm. Raupe gefräßig. Biene fleißig. Asche grau. Schwefel gelb. Zinn schmelzbar. Grmmi elastisch.

c) **Was thut das Ding?** Bär brummen. Wolf heulen. Hund bellen. Henne gackern. Taube girren. Schwalbe zwitschern. Wachtel schlagen. Staar pfeifen. Grille zirpen. Frosch quacken. Biene summen. Feuer brennen. Krebs kneipen. Veilchen duften. (Setze die vorausgehenden Sätze in die Mehrheit! z. B. die Hunde sind Hausthiere.)

88. Der Form nach können die Hauptsätze sein:
a) **erzählend:** z. B. Die Eltern erweisen den Kindern viel Gutes.
b) **fragend;** z. B. Erweisen die Eltern den Kindern viel Gutes?
c) **befehlend;** z. B. Eltern! Erweiset den Kindern Gutes!
d) **wünschend;** z. B. O möchten doch die Eltern den Kindern Gutes erweisen! (O wenn doch 2c.)
e) **ausrufend;** z. B. O wie viel Gutes erweisen nicht die Eltern den Kindern!

Man bringe nun folgende Hauptsätze in jede dieser Formen! Die Soldaten vertheidigen das Vaterland. Die Mutter liebt ihr Kind zärtlich. Der Knabe ist auf dem Weg zur Schule und Kirche ruhig und eingezogen.

Gute Menschen denken täglich an die Wohlthaten Gottes. Der schlaue Fuchs stiehlt Hühner und Gänse.

89. Zwei oder mehrere an einander gereihte Sätze geben eine **Satzverbindung**. Man verbinde nun nachfolgende Hauptsätze: Die Pferde ziehen den Wagen. Die Kühe geben uns Milch. — Der Vater arbeitet auf dem Felde. Die Mutter besorgt die Hausgeschäfte. Der Knabe muß in der Jugend fleißig sein. Das Alter bringt Kummer und Schande. — Das Leben ist kurz. Der Mensch soll die kostbare Zeit nicht verschwenden. — Gott straft das Böse in der Hölle. Die Menschen sollen die Gebote Gottes befolgen. — Die Arbeit stärkt Geist und Glieder. Der Müßiggang macht uns schwach an Körper und Geist. — Der Frühling gibt uns Blumen und Blüthen. Im Sommer reift das Getreide. — Der Herbst erfreut uns durch Aepfel, Birnen und Trauben. Im Winter ergötzen wir uns durch Spiele mancher Art. — (Bindewörter dazu: und, aber, sonst, deßhalb, darum, dagegen, hingegen, und; z. B. die Pferde ziehen den Wagen und die Kühe geben uns Milch.)

90. Haben zwei oder mehrere Sätze das Subject oder Prädikat oder ein anderes Satzglied mit einander gemein, so werden diese gemeinsamen Satzglieder nur einmal ausgedrückt und der Satz heißt dann ein **zusammengezogener**. — Bilde nun aus nachfolgenden Sätzen, die gemeinsame Satzglieder haben, zusammengezogene:

Der Hund ist treu. Der Hund ist wachsam. — Dieser Schüler ist fleißig. Dieser Schüler ist sittsam. Das Fleisch wird gesotten. Das Fleisch wird gebraten. — Die Lerche singt. Die Nachtigall singt. — Gold ist ein edles Metall. Silber ist ein edles Metall. — Die Rosen haben einen angenehmen Geruch. Die Veilchen haben einen angenehmen Geruch. — Die Kinder lieben den Vater. Die Kinder lieben die Mutter. — Die Kinder sind den Eltern zum Dank verpflichtet. Die Kinder sind den Lehrern zum Dank verpflichtet. — Der Duft der Nelken ist angenehm. Der Duft der Veilchen ist angenehm. — Das Beispiel der Bienen verdient Nachahmung. Das Beispiel der

Ameisen verdient Nachahmung. — David regierte mit Klugheit. David regierte mit Kraft. — Der Esel geht langsam. Der Esel geht sicher. — Wann bist du geboren? Wo bist du geboren? — (Der Hund ist treu und wachsam.)

91. Man löse nachfolgende zusammengezogenen Sätze in ihre einfachen auf!

Der Blitz zündet und zerstört. Das Feuer leuchtet und brennt. Der Gefällige und der Kluge erwerben sich Freunde. Die Menschen und Engel sind Geschöpfe Gottes. Die Wälder liefern Holz und Streu. Man verachtet einen Heuchler und Lügner. Der böse Knabe folgt Eltern und Lehrern nicht. Gott erbarmt sich des Menschen und des kleinsten Wurmes. Ich erinnere mich deiner Worte und Handlungen. Das Bier wird aus Hopfen und Malz bereitet. Der Knabe wurde von seinen Eltern und Lehrern gelobt. Heute und gestern bin ich bei dir gewesen. Liebe deinen Nächsten nicht blos mit Worten, sondern in der That und in der Wahrheit. (Der Blitz zündet. Der Blitz zerstört.)

Der erweiterte Satz
und das daraus entstehende Satzgefüge.

Nicht immer ist der Satz ein nackter. Außer Subjekt, Prädikat und Copula können noch andere Wörter vorkommen, welche Beifügungen, Ergänzungen und Umstände heißen. Diese Beifügungen, Ergänzungen und Umstände werden nicht blos durch einzelne Wörter, sondern auch durch ganze Sätze ausgedrückt; dadurch entstehen die Beifügesätze, Ergänzungssätze und Umstandssätze.

Beifügung.

Erweiterter einfacher Satz.

1) Die Beifügung (Attribut).
   a) Ein wachsamer Hund bellt.
   b) Der hungernde Wolf heult.
   c) Der Wein ist eine trinkbare Flüssigkeit.
   d) Der Stamm dieses Baumes ist knorrig.
   e) Die Dampfmaschine ist ein Triumph des menschlichen Geistes.
   f) Meine Feder ist spitzig.
   g) Die Hoffnung einer Belohnung muntert uns auf.
   h) Der Zweifel an der Existenz Gottes wäre thöricht.

Satzgefüge.

1) Der Beifügesatz.
   a) Ein Hund, welcher wachsam ist, bellt.
   b) Der Wolf, welcher hungerig ist, heult.
   c) Der Wein ist eine Flüssigkeit, welche trinkbar ist.
   d) Der Stamm, welchen dieser Baum hat, ist knorrig.
   e) Die Dampfmaschine ist ein Triumph, welchen der menschl. Geist feiert.
   f) Die Feder, welche mir gehört, ist spitzig.
   g) Die Hoffnung, daß wir belohnt werden, muntert uns auf.
   h) Der Zweifel, ob ein Gott existire, wäre thöricht.

92. **Aufgabe.** Man setze an die Stelle des Striches ein beigefügtes Eigenschaftswort zum Subjekt! Der — Knabe lernt. Die — Mutter näht. Das — Pferd springt. Der — Hund bellt. Der — Apfel ist schädlich. Die — Schwester strickt. Der — Fuchs stiehlt. Der — Hase flieht. Der — Mann hört nicht. Der — Mensch sieht nicht. Das — Kind kann nicht sprechen und hört nicht. Die — Lina wurde gestraft. Der — Karl bekam keinen Kuchen. Der — Vater arbeitet früh und spät. Der — Berg wird schwer erstiegen. Der — Ludwig ist gestorben. Die — Antonie ist ein Schmeichelkätzchen. — Z. B. Der fleißige Knabe lernt. (Setze diese Sätze auch in die Mehrheit!)

93. Bilde aus den vorhergehenden erweiterten Sätzen Satzgefüge, indem du aus dem beigefügten Eigenschafts= worte einen Beifügesatz machst! — Z. B. Der Knabe, welcher fleißig ist, lernt. Die Knaben, welche fleißig sind, lernen.

94. Man setze an die Stelle des Gedankenstriches ein beigefügtes Eigenschaftswort zum Prädikat! Das Oel ist eine — Flüssigkeit. Der Pfau ist ein — Vogel. Das Quecksilber ist ein — Metall. Die Birne ist eine — Frucht. Die Kirche ist ein — Ort. Das Eis ist ein — Wasser. Der Hund ist ein — Thier. Die Kuh ist ein — Thier. — Z. B. Das Oel ist eine **brennbare** Flüssigkeit. (Setze diese Sätze wo möglich in die Mehrheit.)

95. Man bilde aus den vorhergehenden Sätzen Satz= gefüge, indem man aus dem beigefügten Eigenschaftsworte einen Beifügesatz macht! — Z. B. Das Oel ist eine Flüssigkeit, welche brennbar ist.

96. Man setze an die Stelle des Striches ein beige= fügtes Namenwort in der zweiten Endung! — Die Farbe — ist weiß. Die Farbe — ist schwarz. Der Hut — ist neu. Die Bäume — sind fruchtbar. Das Rollen — ist furchtbar. Die Fenster — sind hoch. Der Ge= schmack — ist angenehm. Der Geschmack — ist unan= genehm. Der Geruch — ist lieblich. Der Geruch — ist abscheulich. Z. B. Die Farbe des Schnees ist weiß.

97. Man mache Satzgefüge, indem man aus dem bei= gefügten Namenworte einen **Beifügesatz** bildet! Z. B. Die Farbe, welche der Zucker hat, ist weiß.

98. Man setze an die Stelle des Striches ein beige= fügtes Namenwort in der richtigen Endung! — Die Bäume im — blühen. Die Sonne am — leuchtet. Sterne am Himmel — funkeln. Das Trinken in — ist ungesund. Das Schleifen auf — ist lustig. Das Fahren auf — ergötzt. Ein Tisch von — ist wohlfeil. Eine Uhr von — ist theuer. Ein Kleid von — ist warm. Der Kampf mit — ist gefährlich. Das Segel am — — ist zerrissen. Anton, ein Meister im —, bekam ein

Bild. Ein Geschirr von — zerbricht leicht. Ein Topf von — ist sehr dauerhaft. Ein Drache von — fliegt an der Schnur in der Luft. Ein Haus von — ist feuergefährlich. — Z. B. Die Bäume im Garten blühen.

99. Man bilde Beifügesätze daraus! Z. B. Die Bäume, welche sich im Garten befinden, blühen.

100. Man bilde aus nachfolgenden Beifügungen Beifügesätze! — Ein bissiger Hund wird an die Kette gehängt. Eine ungesalzene Speise schmeckt nicht gut. Ein verzärteltes Kind kann nichts ertragen. Die im Zimmer gezogene Blume welkt im Freien. — Ein Kind ohne Fleiß wird nicht geliebt. Ein Schüler von beschränkten Geistesgaben soll sehr fleißig sein. Der auf Felsenspitzen horstende Adler ist ein Raubvogel. Die in das Gras der Wiese nistende Grasmücke ist ein Singvogel. — Z. B. Ein Hund, welcher beißt, wird an die Kette gehängt.

Ergänzung.

2) Ergänzung (Objekt).	2) Ergänzungssatz. (Objektsatz.)
a) Der Faule verdient Strafe.	a) Der Faule verdient, daß er gestraft werde.
b) Die Erfahrung beweist die Wahrheit dieses Sprichwortes.	b) Die Erfahrung beweist, daß dieses Sprichwort wahr sei.
c) Der Knabe ist der Vervollkommnung fähig.	c) Der Knabe ist fähig, daß er sich vervollkommne.
d) Karl freut sich seiner Gesundheit.	d) Karl freut sich, daß er gesund ist.
e) Seid euern Eltern und Lehrern gehorsam!	e) Seid gehorsam denen, die euch erziehen und unterrichten!
f) Das Mädchen bittet um Verzeihung.	f) Das Mädchen bittet, daß man ihm verzeihe.

Subjekt.

Subjekt.	Subjektsatz.
a) Der Fleiß des Knaben ist nothwendig.	a) Daß der Knabe fleißig sei, ist nothwendig.
b) Die Richtigkeit deiner Ansicht ist ungewiß.	b) Daß deine Ansicht richtig sei, ist ungewiß.
c) Der Zufriedene ist glücklich.	c) Wer zufrieden ist, der ist glücklich.

101. Ergänze in folgenden Sätzen eine vierte Endung, (näheres Objekt auf die Frage wen oder was?): Der Lehrer lobte —. Die Sonne erwärmt —. Der Ochs zieht —. Das Pferd trägt —. Der Esel trägt —. Das Kameel trägt —. Die Hunde bewachen —. Das Mädchen zerbricht —. Der Knabe zerreißt —. Die Bienen sammeln —. Der Baum hat —. Der Lehrer unterrichtet —. Der Gärtner versetzt —. Gelegenheit macht —. Noth bricht —. Der Fischer fängt —. Der Jäger schießt —. Der Fuchs hat — gestohlen. Der Hund hat — gebissen. Der Richter wird — bestrafen. — (Der Lehrer lobt den Schüler.)

102. Man ergänze eine dritte Endung (entfernteres Objekt auf die Frage wem?): Das Haus gehört —. Die Giftpflanzen schaden —. Die Mutter verzeiht —. Die Unterthanen sind treu —. Der Blinde folgt —. Der Schwache weicht —. Die Ruhe behagt —. Die Erfahrung mangelt. —. Der Wolf gleicht —. Das Maulthier gleicht —. Die Raupen schaden —. Die Tollkirsche ist ähnlich —. Der Hund ist treu —. Die Speise ist willkommen —. Alle Gedanken sind — bekannt. — (Das Haus gehört dem Vater.)

103. Man ergänze eine zweite Endung auf die Frage wessen? Der Bote ist — kundig. Der Mörder ist — schuldig. Der Dankbare ist — eingedenk. Die Verschwender entäußern sich —. Der Faule weigert sich —. Die Jugend darf sich — freuen. Der Arme ist — bedürftig. Jener Mann ist — verdächtig. Spotte nie —. (Der Bote ist des Weges kundig.)

104. Man ergänze folgende Sätze: Der Fromme denkt an —. Das Kind weint über —. Wir sollen auf — vertrauen. Ein edler Mensch rächt sich nicht an —. Die Schule beginnt mit —. Der Kranke sehnt sich nach —. Die zanksüchtigen Kinder streiten über —. Der Wanderer frägt nach —. Die Raupe wird zu —. Die Kleider schützen vor —. Der Arme bittet um —. Z. B. Der Fromme denkt an Gott.

105. Man bilde aus den eingeschlossenen Ergänzungen Ergänzungssätze! (Frage wen oder was?) Jeder Mensch hofft (ein langes Leben). Die Mutter freut sich (der Genesung des Kindes). Das Kind soll sich (der Allgegenwart Gottes) stets erinnern. Gott will (die Bekehrung des Sünders). Die Religion gebietet uns (die Feindesliebe). Die Religion verbietet uns (den Diebstahl). Jedes gute Kind wünscht (seinen Eltern langes Leben). Erkläre mir (die Zubereitung dieser Speise). — Z. B. Jeder Mensch hofft, daß er lange lebe.

106. Man bilde aus den eingeschlossenen Subjekten und Beifügungen Subjektsätze! (Frage wer oder was?) (Der Fleiß des Knaben) gefällt dem Lehrer. (Die Bestrafung des Verbrechers) ist gewiß. (Die Unsterblichkeit der Seele) ist ein tröstlicher Gedanke. (Das Stillstehen der Sonne) ist erwiesen. (Unser Sterben) ist gewiß. (Der Freundliche) erwirbt sich Freunde. (Der Zufriedene) hat genug. (Der Boshafte) schadet Andern. (Der Fromme) betet gern. (Der Kluge) läßt sich nicht betrügen. — Z. B. Daß der Knabe fleißig ist, gefällt dem Lehrer. Wer freundlich ist, erwirbt sich Freunde.

Umstände.

Umstand des Ortes. (Auf die Frage: wo? wohin? woher?)	Umstandssatz des Ortes.
a) Die Adler versammeln sich bei einem Aase.	a) Die Adler versammeln sich da, wo ein Aas ist.
b) Bei Feuer zeigt sich auch Wärme.	b) Wo Feuer ist, zeigt sich auch Wärme.

Umstand der Zeit.
(Wann? wie lange?)

a) Beim Aufgange der Sonne reiste der Mann ab.

b) Der Schüler ist seit seiner Erkrankung nicht in die Schule gekommen.

Umstand der Art und Weise.
(Wie?)

a) Dieser Herr kleidet sich immer nach der Mode.

b) Der Schüler schreibt unleserlich.

Umstand des Grundes.

a) Manches Kind wurde schon von dem Genusse unreifen Obstes krank.

b) Lerne Etwas in der Jugend zum einstigen Fortkommen in der Welt. (Absicht, entfernter Grund.)

c) Bei großem Fleiße wirst du belohnt werden. (Bedingung, möglicher Grund.)

Umstandssätze der Zeit. (Temporalsätze.)

a) Der Mann reiste ab, als die Sonne aufging.

b) Der Schüler ist nicht in die Schule gekommen, seit er erkrankt ist.

Umstandssätze der Weise.

a) Dieser Herr kleidet sich immer, wie es Mode ist.

b) Der Schüler schreibt so, daß es Niemand lesen kann. (Folge- oder Consecutivsatz.)

c) Je fleißiger du bist, desto mehr Kenntnisse wirst du dir erwerben. (Vergleichungs- oder Comparativsatz.)

Umstandssätze des Grundes.

a) Manches Kind wurde schon krank, weil es unreifes Obst aß. (Causal- oder Ursachsatz.)

b) Lerne Etwas in der Jugend, damit du einst in der Welt dein Fortkommen findest. (Absichtsatz.)

c) Wenn du recht fleißig bist, wirst du belohnt werden. (Bedingniß- oder Conditionalsatz.)

d) Obschon geflügelt, schwingen sich manche Vögel doch nicht in die Höhe. (Verneinter Grund.)

d) Manche Vögel schwingen sich nicht in die Höhe, obschon sie Flügel haben. (Concessiv- oder zugestehender Satz.)

107. Man bestimme folgende Sätze näher durch einen Umstand des Ortes (Wo?) Der Fisch lebt im —. Der Vogel lebt —. Der Weizen wächst —. Regensburg liegt —. Die Donau entspringt —. Die Glocken befinden sich —. Der Fuchs lebt —. Die Knaben baden —. (Wohin?) Wir gingen schon oft nach —. Die Donau läuft —. Der Vogel fliegt —. Der Hase läuft —. Ich hänge den Hut —. Ich lege das Buch —. — Z. B. Der Fisch lebt im Wasser.

108. Man bestimme folgende Sätze näher durch einen Umstand der Zeit! (Wann? wie lang?) Die Bäume blühen. — Die Sterne funkeln. — Der Mond schimmert. — Die Sonne leuchtet. — Der Knabe geht um — in die Schule. Das Mädchen geht um — aus der Schule. Die Tage sind am längsten im —. Die Nächte sind am kürzesten —. Die Tage sind am kürzesten —. (Wie lange?) Ich lerne —. Wir schlafen —. Der Winter dauert —. Der Frühling währt —. Der Sommer währt —. Der Herbst währt —. Z. B. Die Bäume blühen im Frühlinge.

109. Man bestimme folgende Sätze näher durch einen Umstand der Art und Weise! (Wie?) Das Pferd läuft —. Die Schnecke kriecht —. Der Adler fliegt —. Die Sonne scheint —. Der Mond schimmert —. Ein gutes Kind gehorcht —. Der Kranke leidet seine Schmerzen —. Dieses Mädchen kleidet sich —. Der Vogel wird mit — gefangen. Das Korn wird mit — geschnitten. Die Schweine werden mit — abgestochen. — Z. B. Das Pferd läuft schnell.

110. Man bestimme folgende Sätze näher durch einen Umstand des Grundes! Der Knabe zog sich durch — eine Krankheit zu. Die Zähne werden verdorben durch —. Der Stein sinkt unter wegen —. Das Holz schwimmt

wegen —. Der Kranke konnte vor — nicht schlafen. Die Mühle wird durch — getrieben. Das Gras verdorrt aus —. Der Strom schwellt an durch —. Den Baum erkennt man an —. Den Vogel erkennt man an —. Die Blumen erkennt man an —. Z. B. Der Knabe zog sich **durch Erkältung** eine Krankheit zu.

111. Bilde aus den eingeschlossenen Umständen der **Zeit Umstandssätze der Zeit**! (Beim Herannahen des Frühlings) erschienen auch die Zugvögel wieder. (Während des Regens) blieb ich zu Hause. (Während des Lernens) muß man aufmerksam sein. (Beim Anbruch des Tages) erwachen Menschen und Thiere. (Beim Aufgang der Sonne) singen die Vögel ein Danklied. (Vor dem Baden) soll man nicht essen. (Vor dem Anfang der Arbeit) soll man beten. — Z. B. Als der Frühling herannahte, erschienen auch die Zugvögel wieder.

112. Suche einen passenden **Umstandssatz der Weise**, welcher eine **Folge** ausdrückt! Der Knabe ist so ungehorsam, daß —. Der Ofen ist so stark geheizt, daß —. Deine Aufgabe ist so schlecht geschrieben, daß —. Der Stein ist so schwer, daß —. Der Holzapfel ist so sauer, daß —. Manchmal regnet es so stark, daß —. Die Sonne schien so heiß, daß —. Der Hund war so wachsam, daß —. Heute ist es so kalt, daß —. Z. B. Der Knabe ist so ungehorsam, daß er bestraft werden mußte.

113. Bilde **Umstandssätze des Grundes**, indem du den Umstand des Grundes in einen Satz auflösest! Der Schnee schmilzt (vor der Wärme.) Mancher Schüler kommt (durch Fleiß) vorwärts. Das Gold ist (wegen seiner Schönheit und Dehnbarkeit) geschätzt. Das Eisen ist (wegen seiner Brauchbarkeit) nützlicher als Gold. Den Baum erkennt man (an seinen Früchten). Den Vogel erkennt man (an den Federn). Mancher Mensch zieht sich (durch einen Trunk in die Hitze) eine Krankheit zu. Die Sterne kommen uns (wegen ihrer weiten Entfernung) klein vor. — Z. B. Der Schnee schmilzt, weil es warm ist.

114. a) Beantwortet folgende Fragen in vollständigen Satzgefügen! Warum geht das Kind in die Schule? Wo-

durch ist das Kind krank geworden? Warum kommen die Sterne uns so klein vor? Warum wird das Fleisch geräuchert? Warum ist das Meerwasser untrinkbar? Warum würzet man Speisen? Wozu dient das Papier? Wozu nützt der Schnee? Wodurch können wir brauchbare Menschen werden? Wie spricht der Schmeichler? Wie spricht der brave Mann? — Z. B. Das Kind geht in die Schule, um seinen Geist mit Kenntnissen zu bereichern.

b) Man bilde über nachstehende Namenwörter Sätze in allen Endungen der Einheit und Mehrheit: der Vater, die Mutter, das Kind, der Baum, die Wiese, das Pferd, ein Wolf, eine Katze, ein Schwein.

Anm. Bei Bildung des Genitivs gebraucht man entweder ein regierendes Namenwort, z. B. die Hand des Vaters, oder eine Präposition mit dem Genitiv, z. B. wegen des Vaters, oder ein Zeitwort mit dem Genitiv, z. B. ich gedenke des Vaters (so: achten, bedürfen, erwähnen, vergessen, sich annehmen, sich bedienen, sich bemächtigen, sich freuen, sich erinnern, sich erbarmen, sich rühmen, sich schämen, anklagen, berauben, beschuldigen u. s. f.).

Bei Bildung des Dativs gebraucht man entweder eine Präposition, welche den Dativ regiert, oder die Zeitwörter: geben, schenken, nehmen, gefallen, befehlen, dienen, drohen, helfen, sich nähern, nützen, trauen, zürnen, folgen, erlauben, gehorchen, schaden, schulden, gönnen u. s. w.

Bei Bildung des Accusativs gebraucht man entweder eine Präposition, welche den Accusativ regiert oder die Zeitwörter: ehren, lieben, loben, schlagen, füllen, fühlen, achten, warnen, fürchten, begießen, veredeln, bewässern, beschlagen, führen, verfolgen, schießen, schlachten u. a. zielende Zeitwörter.

Stylistische Uebungen.

Vorübungen.

115. Man gebe das Gegentheil von folgenden Eigenschaftswörtern an: lang, hoch, weiß, verständig, jung, finster, zahm, dick, breit, tapfer, reich, todt, schmutzig, gut, trocken, kalt, sauer, glatt, weich, traurig, weit, demüthig, krumm, edel, lasterhaft, trüb, übelriechend, schandvoll, fleißig, kenntnißreich.

Gegentheil: dumm, schwarz, niedrig, kurz, feig, schmal, dünn, wild, licht, alt, süß, warm, naß, böse, reinlich, lebendig, arm, gerade, stolz, eng, lustig, hart, rauh, ehrenvoll, wohlriechend, klar, tugendhaft, gemein, unwissend.

116. Man suche zu den vorherstehenden Eigenschaftswörtern und deren Gegentheil passende Namenwörter, z. B. die lange Stange, der kurze Griffel.

117. Man bilde Sätze darüber; z. B. die Stange ist lang, aber der Griffel ist kurz. Der Thurm ist hoch, aber die Hütte ist niedrig u. s. f.

118. Man gebe das Gegentheil von folgenden Namenwörtern an: Häßlichkeit, Tugend, Faulheit, Finsterniß, Schande, Tapferkeit, Reichthum, Leben, Trockenheit, Wärme, Fröhlichkeit, Aufrichtigkeit, Fluch, Himmel, Feind, Herr, Haß, Lüge, Teufel, Belohnung.

Gegentheil: Laster, Schönheit, Armuth, Feigheit, Ehre, Licht, Fleiß, Falschheit, Traurigkeit, Kälte, Feuchtigkeit, Tod, Engel, Wahrheit, Liebe, Diener, Freund, Hölle, Segen, Strafe.

119. Man suche zu den vorherstehenden Namenwörtern und deren Gegentheil ein passendes Namenwort als Beifügung (Attribut) im Genitiv; z. B. Die Häßlichkeit des Kameels, die Schönheit der Rose u. s. f.

120. Man bilde Sätze, indem man aus obigen Namenwörtern und deren Gegentheil Eigenschaftswörter bildet; z. B. Das Kameel ist häßlich, die Rose aber schön.

121. Man gebe das Gegentheil von folgenden Redewörtern an: befehlen, anfangen, finden, nehmen, wachen, strafen, schweigen, tödten, schänden, trauern, tadeln, lieben, verfolgen, anklagen, hochachten.

Gegentheil: geben, verlieren, enden, gehorchen, fröhlich sein, ehren, beleben, reden, belohnen, schlafen, verachten, vertheidigen, fliehen, hassen, loben.

122. Man bilde Sätze, indem man vorstehende Redewörter und deren Gegentheil als Prädikat gebraucht; z. B. Der Herr befiehlt, der Diener gehorcht. Am Morgen fängt die Arbeit an, der Abend beendet sie.

123. Man bilde Sätze, und gebrauche sollen oder müssen; z. B. Der Herr soll befehlen, der Diener soll gehorchen u. s. w.

124. Man suche aus den unten folgenden Namenwörtern zu jedem der folgenden Namenwörter ein Namenwort, welches etwas Aehnliches bedeutet: Freundschaft, Abenteuer, Mißgunst, Abkömmling, Gefilde, Anfänger, Schüler, Menge, Aufwand, Dunst, Nebel, Bahn, Straße, Balg, Stuhl, Becher, Bedienter, Blüthe, Eingeweide, Schmalz, Feuer, Weib, Untugend, Missethat, Kiste.

Aehnlichkeit: Neid, Nachwelt, Lehrling, Haufe, Verschwendung, Verwandtschaft, Ereigniß, Land, Zögling, Dampf, Rauch, Weg, Gasse, Fell, Knecht, Blume, Gedärme, Koffer, Sessel, Kelch, Speck, Gluth, Dame, Laster, Fehler. — Z. B. Die Freundschaft und die Verwandtschaft; das Abenteuer und das Ereigniß u. s. f.

125. Man setze ein passendes Namenwort zu folgenden, eine Aehnlichkeit ausdrückenden Eigenschaftswörtern: blödsinnig — verrückt, abgelegen — entfernt, alt — abgelebt, angenehm — gefällig, dicht — dick, weit — breit, eng — schmal, irden — irdisch, kalt — kühl, kindlich — kindisch, klein — wenig, lahm — hinkend, nutzlos — werthlos, witzig — sinnreich, sauer — herb; z. B. das blödsinnige Kind, der verrückte Mann u. s. w.

126. Man bilde Sätze darüber, z. B. Dieses Kind ist blödsinnig. Dieser Mann ist verrückt u. s. w.

127. Man bilde über folgende, eine Aehnlichkeit ausdrückenden Redewörter Sätze: abrichten — unterrichten, widerrathen — warnen, anblicken — erblicken, beschauen — sehen, athmen — keuchen, blasen — hauchen, beschimpfen — herabsetzen, bitten — betteln, beten — flehen, glänzen — leuchten, schimmern — funkeln, fluchen — schwören, klingen — klingeln, knarren — knurren, knistern — knattern, kränken — schmerzen, zermalmen — zerschmettern, schliefen — schlüpfen; z. B. Das Thier wird abgerichtet; das Kind wird unterrichtet. Der Lehrer widerräth dem Schüler das Gehen in den Wald; er warnt ihn vor dem Trunk in die Hitze u. s. f.

128. Man suche zu jedem der folgenden Namenwörter unter den untenstehenden Namenwörtern ein Wort, welches denselben Begriff ausdrückt! Adler, Abgott, Absicht, Achtung, Acker, Flur, Landmann, Ahnen, Anfang,

Anlage, Betragen, Verhalten, Befugniß, Bein, Last, Bewohner, Ding, Vergnügen, Wirthshaus, Sitte, Schlacht, Geräusch, Gestade, Strand, Gewinn, Handelsmann, Kummer, Armee, Feldheer.

Gleiche Begriffe: Götze, Ansehen, Gefilde, Voreltern, Fähigkeit, Benehmen, Aar, Zweck, Feld, Bauer, Beginn, Aufführung, Berechtigung, Knochen, Einwohner, Gasthaus, Mode, Ufer, Gram, Bürde, Sache, Freude, Treffen, Getöse, Küste, Vortheil, Kaufmann, Heer, Heerführer.

129. Man bilde Sätze darüber in folgender Weise: Ein Adler heißt auch Aar. Ein Abgott ist ein Götze.

130. Man suche zu jedem Eigenschaftsworte ein gleichbedeutendes: entfernt, abschüßig, alt, angenehm, ängstlich, anständig, gesittet, anwesend, arbeitsam, emsig, arg, schlimm, listig, verschmitzt, arm, blutarm, schön, stolz, aufrichtig, blaß, bieder, entsetzlich, faul, feige, lockig, meineidig, minderjährig, sprachlos, gehörlos; z. B. entfernt und ferne, abschüssig und abhängig, alt und bejahrt.

Gleiche Begriffe: bejahrt, lieblich, bange, ferne, artig, höflich, gegenwärtig, fleißig, thätig, verschlagen, schlau, bettelarm, hübsch, hoffärtig, böse, schlecht, dürftig, offenherzig, träge, eidbrüchig, bleich, wacker, erschrecklich, muthlos, gekräuselt, unmündig, stumm, taub, abhängig.

131. Man bilde Sätze darüber in folgender Weise: Mein Bruder ist schon drei Jahre **entfernt** oder **ferne**. Dieser Berg ist sehr **abschüßig** oder **abhängig**.

132. Man setze an die Stelle der großgedruckten Wörter einen gleichbedeutenden Ausdruck! Der ungerechte Richter **wurde abgesetzt**. Der Lehrer **unterrichtet** den Schüler. Muthwillige Knaben werden **abgesondert**. Ich habe meine Schuld **abgetragen**. Der Jäger **sah** einen Rehbock. Der Gefangene wird des Mordes **angeklagt**. Die Soldaten kämpften tapfer. Der Sterbende lispelte noch einige unverständliche Worte. Der Verkäufer verlangt Bezahlung. Dieser brave Mann wurde verkannt. Diese Arbeit ist mir mißrathen. Manche Sätze kann man **verkürzen**. Die Affen machen **Alles nach**. Die Soldaten setzten dem Feinde nach. Gott speiset alle Geschöpfe. Der Faule wird zur Arbeit oft

genöthigt. — Z. B. Der **ungerechte Richter wurde entlassen.**

Gleichbedeutende Ausdrücke: lehren, bezahlen, beschuldigen, entlassen, trennen, erblicken, streiten, fordern, mißlingen, flüstern, mißkennen, nachahmen, verfolgen, zwingen, abkürzen, ernähren.

133. Man setze an die Stelle der großgedruckten Wörter zwei gleichbedeutende Ausdrücke. Die Kanone wird **abgefeuert.** Die Bitte wurde mir **abgeschlagen.** Der Leidende ist endlich **hingeschieden.** Die Fehltritte müssen **geahndet werden.** Mein Freund **bot** mir einen Regenschirm **dar.** Wir **preisen** die Werke Gottes. Was **entgegnete** der Jüngling? Kinder! **befleckt** euere Bücher nicht! Wir haben einen braven Mann **begraben.** Die Donau **fließt** in's schwarze Meer. Das Schiff wurde vom Sturme an einem Felsen **zerschmettert.** Was **sagst du?** Der Vater **übermachte** mir zehn Gulden. — Z. B. Die Kanone wird **losgeschossen.** Die Kanone wird **abgeschossen** u. s. f.

Gleichbedeutende Ausdrücke: verjagen, verweigern, anbieten, antragen, abschießen, losschießen, verscheiden, enden, loben, rühmen, züchtigen, strafen, beschmutzen, besudeln, strömen, laufen, reden, sprechen, antworten, erwidern, bestatten, beerdigen, zertrümmern, zerschellen, schicken, senden.

134. Man bilde Wortfamilien

a) von **Haus**: —chen, —lich, —lichkeit, Schul—, Wohn—, Vogel—, Rath—, Gast—, Wirths-, Bräu—, Garten—, Land—, —herr, —frau, —knecht, -geräthe, —thüre, —thiere, -gang, —miethe, —hund, —katze, Glocken—, —glocke;

b) von **roth**: —lich, —braun, blut—, blaß—, glut—, rosen—, feuer—, ziegel—, die —e, —fuchs, —el, Scham—, er—en;

c) von **schreiben**: —heft, —er, —erin, —feder, —papier, —tafel, —lehrer, —stunde, Schnell—er, Amts—er, Raths—er, ab—, auf-, be—, ein—, hin—, nach—, nieder—, um—, unter—, ver—, vor—, zu—; Schrift: —lich, Hand—, Schön—, Rein—, Vor—, —stück;

d) von **sprechen**: vor—, wider—, ver—, nach—, mit—, los—, für—, frei—, ent—, ein—, be—, aus—, an—, ab—, Für—er, Ver—ung, —zimmer, —stunde, —wort, unaus—lich; Sprache: Mutter—, Volks—, Schrift—, —lehre, —lehrer, —fehler, —übung, —rohr, —lich, —los, —richtig, Ge—, ge—ig, Zu—, An—, Aus—, Ein—, Für—, Rück—, Spruch: Bibel—, Denk—, Lob—, Macht—, Wahl, Richter—, Aus—, Ein—, Vor—, Wider—, Zu—. Z. B. Häuschen, häuslich, Häuslichkeit u. s. f.

Beschreibungen.

Bei Beschreibungen beantworte der Schüler nachfolgende Fragen:

Was ist das Ding? — Wo ist das Ding? — Was thut man mit dem Dinge, wozu braucht man es? — Welche Theile hat das Ding? — Wer hat das Ding gemacht? — Woraus ist es gemacht? — Welche Farbe hat das Ding? — Welche Form oder Gestalt hat das Ding? — Welchen Nutzen oder Schaden bringt das Ding? — Was darf man mit dem Dinge nicht thun?

Musterbeispiel.

Der Ofen.

Der Ofen ist ein Theil des Zimmers. Er steht im Zimmer in der Nähe der Wand. In dem Ofen wird Feuer angemacht. Der Ofen hat einen Fuß, einen Boden, ein Rohr, eine Platte und ein Gesimse. Die irdenen Oefen hat der Hafner gemacht. Die eisernen werden vom Spängler gemacht oder in der Schmelzhütte gegossen. Die irdenen Oefen sind aus Thon gemacht, die eisernen aus Eisen. Der Ofen kann klein oder groß, eckig oder rund, hoch oder niedrig, neu oder alt sein. Der Ofen gewährt uns großen Nutzen. Das Feuer im Ofen erwärmt das Zimmer. Im Ofen werden auch die Speisen gekocht. Der Ofen schadet nur dann, wenn man unvorsichtig brennbare Dinge auf ihn legt, wodurch das ganze Haus in Brand gerathen kann. Dem eingeheizten Ofen darf man sich nicht zu nahe stellen, damit die Kleider nicht Feuer fangen. Man verbrennt sich dann schmerzlich und muß oft sterben. An dem heißen Ofen darf man sich im Winter die erstarrten Hände nicht wärmen, sonst schmerzen sie sehr.

135. Man beschreibe auf ähnliche Weise nachfolgende Gegenstände: der Stuhl, das Fenster, die Lampe, die Uhr, das Buch, die Schiefertafel, das Schreibheft, die Bank, der Tisch, das Haus, der Thurm, die Glocke.

136. Man beschreibe auf ähnliche Weise: der Wald, der Garten, der Acker, die Wiese, das Wasser. Hiebei beantworte man folgende Fragen: Wo befindet sich das Ding? Im Freien? Im Walde? Auf der Wiese? Im Garten? Wozu kann man es brauchen oder wodurch nützt es uns? Was wächst alles dort? Was erhalten wir von ihm sonst noch? Welche Eigenschaften kann man sonst noch angeben? Welche Thiere halten sich dort auf? Gibt es schädliche und nützliche darunter? Zu welcher Jahreszeit ist es dort am schönsten? Was thun wir dort?

137. Man beschreibe auch Thiere, indem man folgende Fragen beantworte: Zu welcher Klasse gehört das Thier? Lebt es auf dem Lande, im Walde, im Wasser oder in der Luft? Wo hält es sich sonst auf, baut es ein Nest, eine Höhle, ist es im Stalle? Welche Körpertheile hat das Thier? Welche Bedeckung des Körpers? Welche Farbe? Hat es keine besonderen Eigenschaften, ist es geduldig, muthig, wachsam und treu, falsch, grausam, furchtsam, fleißig, nachahmungssüchtig, gefräßig, geschwätzig u. s. w. Wodurch nützt uns das Thier? Essen wir sein Fleisch oder gibt es uns Haut, Pelz oder Wolle? Nützt es als Zug- oder Lastthier? Gibt es uns Milch, aus der man Butter, Schmalz und Käse macht? Kann es schnell laufen oder springen, oder kriecht es langsam? Bringt es uns Nutzen dadurch, daß es andere schädliche Thiere vertilgt? Wird aus seinen Knochen, Hörnern nichts gemacht? Was macht man aus seiner Haut, Wolle, seinem Pelz, seinen Gedärmen, seinen Federn? Bringt es uns keinen Schaden? Wodurch?

Diese Fragen beantworte man in ausführlicher Weise bei folgenden Thieren:

Das Schaf, das Pferd, die Kuh, der Hund, die Katze, der Hase, der Fuchs, die Fledermaus, die Gans, die Biene, der Affe, der Rabe, die Schwalbe, der Sperling oder Spatz, der Maikäfer, die Raupen.

138. Man beschreibe: die Rose, das Vergißmeinnicht, die Nelke, der Klee, das Korn, der Weizen, die Gerste, der Haber, der Fliegenschwamm, der eßbare Schwamm, die Kartoffeln. Fragen: Wo wächst das Ding? Wie sieht es aus? Welche Theile hat es? Welche Farbe hat es? Riecht es angenehm? Wozu braucht man es? Was macht man aus ihm? Welche Handwerker haben dabei zu thun? Zu welcher Jahreszeit blüht es und wird es reif? Welche Thiere leben von ihm? Welche Thiere halten sich in oder bei ihm auf so lange es noch auf dem Felde steht? Kann es auch schaden? Wann?

Vergleichungen.

Musterbeispiel.

Vergleichung des Schulzimmers mit dem Wohnzimmer.

Aehnlichkeiten: Das Schulzimmer und das Wohnzimmer sind Theile des Hauses. Beide haben vier Wände. Beide haben einen Boden und eine Decke. Beide haben Thüren und Fenster? Beide können groß, klein, niedrig, hoch, hell oder dunkel sein. Beide werden von den gleichen Handwerksleuten gemacht. Zu beiden braucht man Steine, Mörtel, Holz und Eisen. Beide dienen zum Aufenthalte der Menschen. Beide sollen reinlich sein und oft gelüftet werden.

Unähnlichkeiten: In dem Schulzimmer lernen die Kinder, in dem Wohnzimmer wohnt die Familie. Im Schulzimmer hält man sich nur einige Stunden auf, im Wohnzimmer den ganzen Tag. In beiden Räumen sind ungleiche Geräthe. Die Geräthe im Schulzimmer heißen Schulgeräthe; die Geräthe im Wohnzimmer Zimmergeräthe.

139. Vergleichung des Kellers mit der Küche.

Aehnlichkeiten: Theile des Hauses, Wände, Boden, Decke oder Gewölbe, Thüren, Größe des Raumes, gleiche Handwerksleute, Baumaterial, Reinlichkeit, Lüftung.

Unähnlichkeiten: Küche zum Kochen, Keller zum Aufbewahren der Nahrungsmittel, täglicher Aufenthalt in der Küche, seltener im Keller, ungleiche Geräthe, welche? Wie heißen sie miteinander?

140. Vergleichung des Schreibhefts mit der Schiefertafel.

Aehnlichkeiten: Gestalt, Gebrauch, Aufbewahrung.

Unähnlichkeiten: Bestandtheile, Stoff, Verfertiger, Schreiben mit Feder und Griffel.

141. Vergleichung des Straußes mit dem Adler.

Aehnlichkeiten: Thierklasse, Stärke und Größe, Körpertheile, Körperbedeckung, Eierlegung.

Unähnlichkeiten: Anfenthalt, Vaterland, Nahrung, Gestalt, Flug oder Lauf, Form einzelner Körpertheile.

142. Vergleichung der Feder und des Griffels.

Aehnlichkeiten: Gebrauch, Aufbewahrungsart, längliche Gestalt, Spitze.

Unähnlichkeiten: Theile, Stoff, Verfertiger, Gebrauch auf Heft oder Schiefertafel.

143. Vergleichung der Kuh mit dem Pferde.

Aehnlichkeiten: Welcher Thierklasse gehören beide an? Welche Körpertheile haben sie? Womit sind beide bedeckt? Sind beide klein oder groß? Bringen sie beide Nutzen oder Schaden? Gehören beide zu den zahmen oder wilden Thieren? Welche Nahrung haben sie?

Unähnlichkeiten: Wodurch nützen sie? Haben sie beide Hörner? langhaarigen Schweif? gespaltene oder ungespaltene Hufe? Gebraucht man sie beide im Kriege? Sind sind sie beide gleich schön an Gestalt?

144. Vergleichung des Tigers mit der Katze.

Aehnlichkeiten: Thierklasse, Gestalt, Körperbedeckung, Nahrung und Art der Gewinnung ihrer Nahrung, Tücke, Falschheit.

Unähnlichkeiten: Größe, Kraft, Vaterland, Aufenthalt, zahm und reißend.

145. Vergleichung des Esels mit dem Hunde.
Aehnlichkeiten: Beide Hausthiere, gleiche Thierklasse, Körpertheile, Körperbedeckung, beide nützen den Menschen.
Unähnlichkeiten: Größe, Farbe, Hufe oder Zehen, Aufenthalt, Nahrung, Art des Nutzens, Schaden?

146. Vergleichung des Bären mit dem Löwen.
Aehnlichkeiten: Thierklasse, Größe und Stärke, Nahrung, Aufenthalt, Körpertheile, Körperbedeckung, Schaden.
Unähnlichkeiten: Vaterland, Schnelligkeit der Bewegung, Art und Weise des Raubens und der Tödtung des Raubes, Mähne oder nicht, Baumsteigen.

147. Vergleichung der Nachteule und des Storches.
Aehnlichkeiten: Thierklasse, Körpertheile, Körperbedeckung, Eierlegen, Nutzen.
Unähnlichkeiten: Gestalt, Aufenthalt, Nahrung, Art und Zeit der Aufsuchung der Nahrung, Zugvogel oder nicht.

148: Man vergleiche noch nachfolgende Thiere und halte sich dabei an die vorausgehenden Muster.
Huhn und Ente, Ziege und Hase, Gans und Hahn, Schwalbe und Schmetterling, Hund und Katze, Spatz und Kanarienvogel, Reh und Hirsch, Henne und Rebhuhn, Frosch und Eidechse, Biene und Wespe, Stubenfliege und Mücke, Fuchs und Wolf.

Erzählungen.

Man schreibe folgende Erzählungen und Fabeln zuerst ab und bringe sie dann aus dem Gedächtnisse zu Papier.

149. Der Fuchs und die Traube. Ein Fuchs ging an einem Weinstock voll süßer Trauben vorüber. Er wollte davon naschen; aber sie hingen zu hoch. Alles Springen half Nichts. Da wurde er zornig und sprach: „Ich mag euch gar nicht; ihr seid mir zu sauer." Man lachte ihn aus.

150. Muth im Rath, nicht in der That. Die Mäuse beschlossen einst in einer Versammlung, der Katze eine Schelle

anzuhängen. Sie glaubten dann sicher zu sein. Keine aber wagte es, der Katze die Schelle anzuhängen. So blieb Alles beim Alten. Die Katze trägt heute noch keine Schelle.

151. Die Quelle und der Wanderer. Ein erhitzter Wanderer kam an eine frische Quelle. Er setzte sich sogleich nieder und trank von dem kalten Wasser. Alsbald fühlte er heftige Leibschmerzen. Da rief er: „Welch schädliches Gift!" Die Quelle aber sprach: „Ich bin kein Gift, sondern ein köstlicher Labetrunk. Deine Unvorsichtigkeit hat dich krank gemacht."

152. Die Mücke und der Ochse. Eine Mücke saß auf dem Horne eines Ochsen und sprach: „Wenn ich dich drücke, so sage es nur; ich fliege dann weg." Der Ochse erwiderte: „Bleibe nur sitzen, ich habe dich noch gar nicht gespürt!"

153. Der Frosch und die Maus. Eine Maus wäre gern über ein Wasser geschwommen; konnte es aber nicht. Sie bat einen Frosch um Rath und Hilfe. Der Frosch war ein Schalk und sprach zur Maus: „Binde deinen Fuß an meinen Fuß, so will ich schwimmen und dich hinüber ziehen." Als sie mitten auf dem Wasser waren, tauchte der Frosch unter und wollte die Maus ertränken. Sie wehrte sich aus allen Kräften. Da sah sie ein Raubvogel, zog sie und den Frosch heraus und fraß beide.

154. Der Hund mit dem Fleische. Ein Hund hatte ein Stück Fleisch gestohlen und schwamm damit über einen Fluß. Im Wasser erblickte er sein Bild. Er glaubte, es sei ein anderer Hund mit einem Stück Fleisch im Munde und wollte es ihm nehmen. Er schnappte gierig nach demselben. Dadurch entfiel ihm sein Stück und ging unter.

155. Der kluge Esel. Ein mit Salz beladener Esel ging durch einen Fluß. Er glitt auf den glatten Steinen aus und fiel in's Wasser. Das Salz schmolz zum Theil und die Last war leichter geworden. Das freute den Esel und er wollte nun klug sein. Bald darauf ging er mit Schwämmen beladen durch den Fluß. Da fiel er absichtlich in's Wasser. Die Schwämme füllten sich und der Esel konnte nicht mehr aufstehen. Er mußte jämmerlich ertrinken.

156. Der Fuchs und der Rabe. Ein Rabe hatte ein Stück Käse gestohlen und flog damit auf einen Baum. Ein Fuchs sah ihn und hätte gerne den Käse gehabt. Er näherte sich nun dem Baume und sprach: „Ei, Herr Vetter! wie freut es mich, dich wieder zu sehen, wie schön ist dein Gefieder, wie edel deine ganze Gestalt. Gewiß kannst du auch schön singen!" Der thörichte Rabe ließ sich durch die Schmeicheleien verlocken und wollte nun auch seine Stimme erschallen lassen. Allein als er den Schnabel öffnete, entfiel ihm der Käse. Der Fuchs fing ihn auf und verzehrte ihn.

157. Der Fuchs und der Iltis. Ein Iltis hatte eine Gans gefangen. Da begegnete ihm der Fuchs. Den lüsterte die schöne Gans und er sprach zum Iltis: „Verzehrst du so grobe Speise? Ich glaubte immer, zarte Tauben und junge Hühnlein wären deine Kost." „Ja," erwiderte der Iltis, „junge Hühner wären mir lieber; für zwei gäbe ich die Gans hin." „Nur zwei?" rief der Fuchs, „ich will dir fünf dafür holen." Der Iltis war damit zufrieden und gab dem Fuchs die Gans. Dieser schleppte sie fort und ließ den Iltis lange auf die fünf Hühnlein warten; — denn er kam nicht wieder.

158. Die Biene und die Taube. Eine Biene fiel in einen Bach und war in Gefahr zu ertrinken. Dieses sah eine Taube. Sie pickte ein Baumblatt ab und warf dasselbe ins Wasser. Die Biene kletterte hinauf, trocknete die Flügel und flog davon. Am Ufer stand ein Jäger und zielte nach der Taube. Die Biene flog schnell hin und stach den Jäger in die Hand. Er zuckte. Der Schuß ging daneben und die Taube war gerettet.

159 Zwei ungezogene Knaben, mit Namen Franz und Michael, fanden einen alten Strick. Jeder wollte ihn haben. Sie stritten und zankten darum. Beide faßten den Strick. Franz zog an dem einen, Michael an dem andern Ende und jeder suchte den Strick dem andern aus der

Hand zu reißen. Plötzlich riß der Strick entzwei und Franz und Michael lagen im Koth. Sie wurden nun ausgelacht und erhielten zu Hause eine derbe Strafe für ihre Ungezogenheit.

160. **Das Pferd und der Sperling.** Ein Pferd fraß aus der vollen Krippe, und ließ es sich recht schmecken. Da kam ein armer, hungriger Sperling geflogen und bat: „Gib mir, liebes Pferd! auch ein Körnlein oder zwei, denn du wirst dann doch noch satt!" „Nimm, kleiner Freund," erwiderte das Pferd, „so viel du willst; denn es reicht für uns Beide leicht." Sie aßen alle zwei, und wurden satt. — Als der heiße Sommer kam, wurde das Pferd von den bösen Mücken und Fliegen sehr gequält; doch der Sperling fing und verzehrte sehr viele. Er schützte nun das Pferd, so gut er konnte, gegen seine Feinde; denn er war dankbar für die erhaltenen Körnlein.

161. **Der Fuchs und die Gans.** Ein Fuchs sah einst eine Gans in einem Teiche schwimmen. Da sagte er zu ihr: „Frau Gans! das Wetter ist so schön. Gehen wir nicht miteinander spazieren?" Doch die Gans antwortete: „Herr Fuchs! ich bleibe lieber zu Haus; denn seit du da bist, gefällt mir das Wetter gar nicht mehr." Die Gans merkte nämlich recht gut, daß der böse Fuchs sie nur aus dem Teiche locken wollte, um sie zu fressen. Der Fuchs ging ärgerlich weiter.

162. **Der Ziegenbock.** Eine Magd hatte die Gewohnheit, alle Thüren offen zu lassen. Einst holte sie wieder Wasser. Da lief durch die offenen Thüren ein Ziegenbock bis ins Zimmer. Dort hing ein großer Spiegel. Der Bock sah im Spiegel noch einen Bock. Er drohte ihm mit den Hörnern, stieß, da jener auch drohte, wüthend auf ihn los und zerschmetterte den ganzen Spiegel. Die Magd mußte den Spiegel bezahlen und bedauerte sehr ihre Unvorsichtigkeit.

163. **Die kranke Mutter.** Luise, Elisabeth, Max und Albert waren recht gute Kinder, die ihre Mutter herzlich liebten. Einst war diese sehr krank. Da waren sie fast

immer am Bette der Mutter und weinten viel. Elisabeth sah das Arzneiglas und fragte, was das wäre. Die Mutter sprach: „Das ist bittere Arznei, liebe Kinder! Die muß ich trinken, damit ich wieder gesund werde." „Ach," sprach Luise hierauf, „gib sie doch mir, wenn sie so bitter ist: dann werde ich sie für dich trinken, damit du wieder gesund wirst." — Trotz ihrer großen Schmerzen freute sich die Mutter doch, daß sie so gute Kinder habe; und der liebe Gott schenkte ihr bald wieder die Gesundheit und wird sie, so hoffen wir, noch lange ihren Kindern erhalten.

164. Die Fische. Zwei muntere junge Fischlein spielten auf kühlem Grunde. Zu diesen sprach die Mutter: „Entfernt euch nicht von hier und hütet euch vor der Lockspeise, die an einer Angel hängt." Als die Mutter fort war, folgten die Kinder nicht, sondern schwammen in die Höhe. Dort sahen sie ein Würmlein an einer Angel. Eines der Fischlein schnappte darnach und wurde von dem Knaben aus dem Wasser gezogen. Das andere entfloh und erzählte das Unglück der Mutter.

Briefe.

Eingangs- und Schlußformeln.

a) Eingangsformeln:

Entschuldigen Sie, daß ich mir die Freiheit nehme, Sie mit einem Briefe zu belästigen. — Sie werden gütigst verzeihen, daß ich Ihnen einige Augenblicke Ihrer kostbaren Zeit raube. — Zürne mir nicht, lieber Freund, daß ich Dir so lange nicht antwortete. — Deine bisherige Theilnahme an meinem Glücke oder Unglücke ermuntert mich, Dir ein wichtiges Ereigniß mitzutheilen. — Werden Sie nicht unwillig, wenn ich Sie schon wieder belästige? — Sie hatten die Güte, mir zu erlauben, mich in allen meinen Anliegen an Sie zu wenden. Deßhalb erlaube ich mir heute, von Ihrem Anerbieten Gebrauch machend, Sie mit folgenden Zeilen zu belästigen. — Ihrem Auftrage gemäß habe ich mich zu Herrn Ebner begeben, um .... — Herzlichen Dank für Deine lieben Zeilen! Ich war sehr überrascht von ihrem Inhalte. — Den Empfang Ihrer Sendung bescheinigend, beehre ich mich, Ihnen Folgendes mitzutheilen. — Unter Bezugnahme auf Ihr Schreiben vom 13. Mai beehre ich mich, Ihnen in der fraglichen Angelegenheit folgende Aufschlüsse zu geben. — Bei Gelegenheit Deines hohen Namensfestes drängt es mich, Dir einen Beweis meiner Liebe und Dankbarkeit zu geben. — Die Nachricht von dem Tode Deines Vaters hat uns Alle mit Schmerz erfüllt. — Ihr Schreiben vom 1. April l. J. habe ich richtig am 3. April erhalten. — Es hat mich sehr gefreut, von Ihnen mit einer Zuschrift beehrt zu werden. — Im Vertrauen auf Ihr edles Herz wage ich es, mich mit einer Bitte an Sie zu wenden. — Wie freue ich mich, Dir eine angenehme Nachricht mittheilen zu können! — Ich bin zu glücklich, als daß ich länger schweigen könnte! — Leider muß ich Dir dießmal eine sehr traurige Nachricht mittheilen. — Erschrick nicht, lieber Freund! über das, was ich Dir leider bekannt geben muß! — Es fällt mir schwer, von dem Unglücke anderer zu reden; allein leider kann ich es auch nicht mehr ungeschehen machen. — Für die Mittheilung der in Deinem Briefe enthaltenen Dinge bin ich Dir sehr dankbar. — Deinen Brief, vom .... ist mir am ... richtig zugekommen. —

b) Schlußformeln:

Mit Liebe und Verehrung verbleibe ich Dein ... Mit der Versicherung ausgezeichneter Hochachtung empfiehlt sich ... Leben Sie recht wohl! Ich bin, wie immer, Ihr ... Indem ich Dich und die Deinigen herzlich grüße, verbleibe ich Dein ... Herzliche Grüße von meinen Angehörigen und von Deinem ... Lebe recht wohl! Auf baldiges Wiedersehen freut sich Dein ... Lebe wohl! Dieß wünscht von Herzen Dein ... Empfehlen Sie mich Ihrer lieben Frau und seien Sie versichert der Hochachtung Ihres ... Mit der Bitte, mich Ihrer werthen Frau zu empfehlen, verbleibe ich Ihr ... In der angenehmen Hoffnung, daß Sie meine Bitte erhören werden, zeichne ich mit vollkommenster Hochachtung als Ew. Wohlgeboren ... Grüße mir Deine Mutter und Deine Schwester und denke oft an Deinen ...

Musterbeispiel.

Aufgabe. Karl wünscht seinem Vater Glück zum Namenstage.

Ausführung.

Theuerster Vater!

Wie glücklich bin ich, liebster Vater! daß ich wieder einmal Gelegenheit habe, meine kindlichen Gefühle auszudrücken! Ich wünsche Ihnen von Herzen Glück zu Ihrem Namensfeste! Möge der liebe Gott Sie dieses Fest noch recht oft in bester Gesundheit erleben lassen! Möge er Kummer und Gram, Schmerz und Krankheit immer ferne halten und Sie durch Glück und Wohlergehen belohnen für Alles, was Sie für mich thun und ich nicht vergelten kann! Ich danke Ihnen von Herzen für alle Liebe und für alle Opfer, welche Sie auf meine Erziehung verwenden, und bitte Sie auch für die Zukunft darum.

In Liebe und kindlicher Verehrung verbleibe ich

Ihr

Regensburg den 1. September 1867.

dankbarer Sohn
Karl.

165. Max ladet Eugen zum Abpflücken der Kirschen ein.

Morgen würden die Kirschen im Garten gepflückt. Max müsse sie pflücken. Er frage Eugen, ob er ihm helfen wolle. Wenn er Zeit habe, so solle er um drei Uhr in den Garten kommen. Sie würden recht lustig sein und sich die süßen Kirschen recht schmecken lassen. Der gute Vater habe gesagt, Eugen solle einen Korb mitbringen, er wolle ihm denselben mit Kirschen gefüllt nach Hause mitgeben.

166. Man lade einen Freund ein zur Besichtigung der Christgeschenke.

Ausdruck der Freude. Worüber? Benennung der einzelnen Geschenke. Lob derselben. Einladung zur Besichtigung. Gruß.

167. Max schreibt seinem Freunde, daß es in der vergangenen Nacht im Orte N. gebrannt habe. Heftigkeit des Feuers. Löschanstalten. Auswärtige Hilfe. Unglückliche Lage der Abgebrannten. Wahrscheinliche Entstehung des Feuers.

168. Man theile einem Freunde mit, daß Franz durch einen Trunk in die Hitze krank geworden sei.

Franz war erhitzt. Wovon? Da trank er schnell kaltes Wasser. Wurde krank. Kummer der Eltern. Belehrung des Vaters. Mittheilung dieser Belehrung an den Freund, damit auch er sich in Acht nehme. Gruß.

169. Antwort des Freundes.

Die Mittheilung der Verhaltungsmaßregeln bei Erhitzungen wären ihm sehr erwünscht. Er danke ihm dafür. Er könne ihm zur Warnung auch eine Begebenheit mittheilen. Ein Knabe aus seiner Schule wäre bei großer Kälte in das Schulzimmer gekommen und hätte sogleich die Hände an den heißen Ofen gehalten. Dadurch habe er seine Hände erfroren und litte nun sehr große Schmerzen. Gruß an die Eltern. Schluß.

170. Johann theilt seinem Freunde Max mit, daß er einen Geldbeutel gefunden habe.

Gestern wäre er spazieren gegangen, da hätte er einen Geldbeutel mit 30 kr. Geld gefunden. Freude über dieses Glück. Es sei dieses sein erster Fund. Er werde mit dem Gelde eine Weste kaufen. Schon lange hätte er eine solche gewünscht. Er werde dem Max den Fund zeigen. Gruß.

171. Antwort.

Max freue sich über Johanns Fund. Er mache ihn aber aufmerksam, was über gefundene Dinge in der Schule gesagt wurde. Was müßte man in solchen Fällen thun?

Der Freund habe also vor Allem den Fund bekannt zu geben und den Eigenthümer zu suchen. In welchem Falle man das Gefundene behalten dürfe. Jedenfalls solle man aber den Armen davon mittheilen. Er hoffe, daß Johann so handeln werde. Gruß.

172. Abermalige Antwort.

Johann wäre durch den Brief Märzens sehr erschreckt worden. Er habe in letzter Zeit die Schule nicht besucht während seiner Krankheit. Er danke ihm für die Belehrung. Sogleich habe er den Fund bekannt gemacht. Er habe auch wirklich den Eigenthümer gefunden; er wäre ein ziemlich reicher Bauer gewesen. Dieser habe ihm das Geld geschenkt, indem er die Aeußerung machte, daß dieses eine Belohnung für seine Ehrlichkeit sein solle. Freude, Versicherung der Liebe und Gruß.

173. Glückwunsch zum neuen Jahre an die Eltern.

Schon lange habe er die Tage bis zum neuen Jahre gezählt. Endlich sei es gekommen, und voll Freude wünsche er nun Alles, was sie glücklich machen könne. Sie möchten noch recht oft dieses Fest erleben und nach vielen, vielen erlebten Neujahrsfesten von Gott in den Himmel aufgenommen werden. Täglich werde er beten, daß Gott dieses in Erfüllung gehen lasse. Er danke Ihnen herzlich für alle Liebe und bitte Sie auch für das neue Jahr darum.

Er verbleibe in Liebe und Dankbarkeit ihr gehorsamer Sohn Karl.

174. Joseph ermahnt seinen Schulkameraden Franz zu einem artigen Betragen auf der Gasse.

Franz wäre auf der Gasse unartig gewesen. Er hätte sich mit Gassenbuben gebalgt, hätte geschrien und gelärmt, wäre herumgelaufen. Er mache ihm Vorwürfe darüber. So etwas thue ein artiger Knabe nicht. Man müsse sich ja schämen, wenn man von ordentlichen Leuten beobachtet würde. Würde er sich nicht bessern, so müsse er, obgleich es ihm schwer fiele, Anzeige beim Herrn Lehrer machen. Er hoffe, daß er seine Freundesworte nicht übel nehmen werde. Gruß.

175. Antwort.

Franz danke ihm für seine freundschaftliche Ermahnung. Er habe vollkommen recht. Er hätte selbst sein unartiges Betragen bereut und sich vorgenommen, nie mehr mit ungezogenen Gassenbuben zu spielen. Wozu das führe, habe er leider erfahren. Das Sprichwort sei wahr: Schlechte Gesellschaft verderbe gute Sitten. Er wolle sich nicht zu entschuldigen suchen, sondern gestehe, daß er leichtsinnig gewesen sei. Nur bitte er ihn, seinen lieben Eltern und dem Herrn Lehrer diesesmal Nichts davon zu sagen. Er werde es gewiß nicht mehr thun. Das verspreche er ihm. Gruß.

176. Bitte an einen Herrn Vetter um Anschaffung der nöthigen Bücher zum Studiren.

177. Danksagung hiefür. Versprechen von Fleiß.

178. Karl schreibt an seine Schwester Lina, daß sie ihren Dienst aufkünden und nach Hause kommen solle, da man sie wegen Kränklichkeit der Mutter nothwendig brauche.

179. Ludwig benachrichtet seinen Freund Karl, daß er den Fuß gebrochen habe.

180. Theilnahme Karls und Tröstung.

181. Franz schreibt seiner Schwester, daß der Vater gestorben sei. Krankheit, Arzt; letzte Worte; Zeit des Leichenbegängnisses; sie soll kommen.

182. Anton gibt seinem Freunde Max in einem Briefe folgendes Räthsel auf:

Ich rede ohne Zunge,
Ich schreie ohne Lunge,
Ich habe auch kein Herz,
Und nehme doch Theil an Freud und Schmerz.

183. Max schreibt ihm in der Antwort die Auflösung des Räthsels und gibt folgendes auf:

Ich labe mit einem B.
Ich steche mit einem D.
Ich nähre mit einem K.
Ich schabe mit einem H.
Nie bleib ich mit B zurück,
Mit Z entstell' ich den Blick.

184. Anton dankt ihm für die Mittheilung des schönen Räthsels und theilt ihm ein ähnliches mit, das ihm der Vater gesagt habe:

Drei Worte gibt ein R und E,
Ein doppelt N, ein O und D;
Das eine brüllt, das andre sticht,
Im dritten fehlts an Kälte nicht.

185. Max schreibt ihm, daß er an dem Räthsel eine große Freude gehabt habe und theilt ihm die Auflösung mit. Er wisse aber noch zwei, um deren Auflösung er ihn bitte:
a) Wie viel weichgesottene Eier konnte der Riese Goliath nüchtern essen?
b) Wie können fünf Personen fünf Eier theilen, also, daß jede eines bekomme, und doch eines in der Schüssel bleibe?

186. Otto theilt seinem Freunde eine in der Schule gehörte Erzählung mit.

Anm. Der Lehrer liest einigemale kurze Erzählungen vor und läßt sie in einem Briefe erzählen.

187. Man verwandle folgende **direkte Fragen** in **indirekte**: Wer hat Amerika entdeckt? Wessen Hut hängt an der Wand? Wem gelang es, den Ertrinkenden zu erretten? Wen liebst du am meisten? Wann bist du geboren? Wie lange dauert die Reise nach Amerika? Seit wann wissen wir den Weg nach Ostindien? Wo liegt Paris? Wohin wird August reisen? Woher kommt der Fremde? Wie groß ist unser Vaterland? Wie hoch sind die Thürme unseres Domes? Warum hast du deinem guten Vater nicht gehorcht? (Ob.) Ist es möglich, eine solche Ungezogenheit zu begehen? Brachte der Sieg Preußens uns Glück oder Unglück? Werden wir unser Ziel erreichen? Sind die Franzosen in Rußland durch die Russen oder durch Kälte und Hunger besiegt worden? z. B. Der Lehrer sagte uns, wer Amerika entdeckt habe.

188. Wird eine **direkte Rede** in eine **indirekte** verwandelt, so muß das persönliche und Besitz anzeigende

Fürwort der 1. und 2. Person mit dem der 3. verwechselt, die Redewörter in den Conjunctiv gesetzt und ein etwaiger Vocativ weggelassen oder zum Subject gemacht werden.

Beispiel einer direkten Rede.

Kurz vor der Schlacht bei Leipzig redete der Oberfeldherr, Fürst Schwarzenberg, also zu seinen Kriegern: „Der wichtige Augenblick des heiligen Kampfes ist erschienen, wackere Krieger! Bald schlägt die entscheidende Stunde! Das Band, das mächtige Nationen zu einem großen Zwecke vereinigt, wird auf dem Schlachtfelde enger und fester geknüpft. Soldaten! Ihr kämpft für eine heilige Sache! Ihr kämpft für die Freiheit Europa's, für die Unabhängigkeit euerer Staaten, für die Unsterblichkeit eurer Namen."

Indirekt:

Kurz vor der Schlacht bei Leipzig redete der Oberfeldherr, Fürst Schwarzenberg, also zu seinen Kriegern: „Der wichtige Augenblick des heiligen Kampfes sei erschienen. Bald schlage die entscheidende Stunde. Das Band, das mächtige Nationen zu einem großen Zwecke vereinige, werde auf dem Schlachtfelde enger und fester geknüpft. Die Soldaten kämpften für eine heilige Sache. Sie kämpften für die Freiheit Europa's, für die Unabhängigkeit ihrer Staaten, für die Unsterblichkeit ihrer Namen."

189. Folgende Erzählung soll in direkte und indirekte Redeform nach untenstehender Angabe gebracht werden!

Die Spinne ist ein verachtetes Thier; viele Menschen fürchten sich sogar vor ihr und doch ist sie auch ein merkwürdiges Geschöpf und hat in der Welt ihren Nutzen. Sie hat nicht zwei, sondern acht Augen. Mancher wird dabei denken, da sei es keine Kunst, daß sie die Fliegen und Mücken, die in ihrem Netze hängen bleiben, so geschwind erblickt und zu erhaschen weiß. Allein das macht es nicht aus. Die Fliege hat nach den Untersuchungen der Naturkundigen viele hundert Augen und nimmt doch das Netz nicht in Acht und ihre Feindin, die groß genug darin sitzt.

Ausführung.

a) Direkt in der ersten Person, indem man die Spinne selbst sprechen läßt: Die Spinne erzählte einst ihre Lebensgeschichte, indem sie sprach: „Ich bin ein verachtetes Thier 2c."

b) Direkt in der zweiten Person, indem man die Spinne anspricht: z. B. Als ich heute im Garten eine Spinne in ihrem Netze erblickte, sprach ich: „Du bist ein verachtetes Thier 2c."

c) Beide Uebungen in der Mehrheit.

d) Indirekt. Mein guter Vater erzählte uns Kindern heute nach Tisch: „Die Spinne sei ein verachtetes Thier; viele Menschen fürchteten sich vor ihr 2c."

190. Folgende Erzählung soll ebenso bearbeitet werden:

Der Spatz gehört zu den Gassenbuben unter den Vögeln. Er sieht auch gerade so aus. In seinem Kopfe stecken ein paar rothe, freche Augen, denen man sogleich ansieht, daß er sich um keinen Menschen bekümmere, und daß es ihm einerlei sei, was man von ihm denke. Von Zucht uud Ehrgefühl hat er keinen Begriff. Er gibt sich nicht die geringste Mühe, anständig zu sprechen, sondern schreit und lärmt, wie es ihm in die Gurgel kommt. Händel hat er alle Augenblicke mit seinen Kameraden, und dabei gibt es ein Geschrei, daß man es im ganzen Dorfe hört. Vor den Menschen hat er nicht die geringste Scheu und Achtung. Er drängt sich überall herbei und macht sein Nest, ohne um Erlaubniß zu fragen, zwischen den Laden und das Fenster des Zimmers und blickt frech hinein, um zu sehen, was man thut. Doch bringt er durch Vertilgen unzähliger Raupen, Maikäfer und anderer Insekten großen Nutzen, und man kann ihm deßhalb schon die Waizenkörner gönnen, die er im Sommer stiehlt.

191. Nachfolgende Erzählung bearbeite man a) direkt in der ersten Person (mit ich) und b) indirekt mit einem passenden Eingange: Ein Geigersmann ging einst von einer Kirchweih nach Hause, auf welcher er den Leuten bis

tief in die Nacht aufgegeigt hatte. Im dichten Forste verfehlte er den Weg und fiel in eine Grube, die der Jäger zum Wolfsfange gegraben hatte. Der Schreck war schon groß genug für den Geiger, da er so ohne weiters von der ebenen Erde in die Tiefe fuhr, wurde aber noch größer, da er unten auf etwas Lebendiges auffiel, das wild aufsprang und ihn mit glühenden Augen ansah. Der Mann hatte Nichts in der Hand als seine Geige, und in der Angst fängt er an, da vor dem geöffneten Wolfsrachen alle seine Stücklein aufzuspielen, die ihm aber diesesmal selber gar nicht lustig vorkamen. Dem Wolfe mußte aber diese Musik ganz besonders schön und rührend vorkommen, denn das dumme Vieh hob den Kopf und fing, wie mancher Hund während des Läutens, überlaut zu heulen an. Die andern Wölfe im Walde stimmten, als sie ihren Kameraden in der Grube so schön singen hörten, auch mit ein, und so dauerte das Concert bis gegen Morgen. Dem Geigersmann riß eine Saite nach der andern und am Ende hatte er nur mehr eine. Wäre auch diese gerissen, so hätte ihn der Wolf, der durch das Heulen noch hungriger geworden war, sicher aufgefressen. Zum Glück kam der Jäger, der den Wolf schon von weitem singen, den Geiger aber in der Nähe geigen hörte. Dieser zog ihn aus der Grube und tödtete den Wolf. Seit dieser Zeit war ihm das Tanzgeigen so verleidet, daß er nie mehr im Wirthshause aufspielte.

Aehnlich lautende Wörter.

A.

Dieser Altar hat ein hohes Alter. Der Aal ist ein schlangenähnlicher Fisch. Die Ahle wird von allen Schustern als Handwerkszeug benützt. Der Knabe geht alltäglich in der Allee spazieren. Das Aas ist ein in Verwesung übergegangener Körper eines Thieres. Das Aß ist das kleinste Goldgewicht und die Aß ein Blatt der Spielkarte. Ich aß heute Suppe. Der Knabe kann schon lesen. Kannst du dieses Räthsel lösen? Die Schild=

wache muß man **ablösen**. Das Schülerverzeichniß kann man **ablesen**. In einem fremden Garten barfst du keine Blume **abreißen**. Der fremde Herr wird morgen **abreisen**. Das Rad dreht sich um die **Achse**. Die Schulter heißt auch **Achsel**. Mit der Axt wird das Holz gespalten. Mancher Mensch **ahnt** ein Unglück, d. h. er hat ein dunkles Vorgefühl davon. Der Richter **ahndet** (bestraft) das Verbrechen. Deine Voreltern sind deine **Ahnen**. Das Getreide hat **Aehren**. Den Greis muß man **ehren**. Der Verbrecher verliert seine **Ehre**. Die Nadel hat ein **Oehr**. Ein kleines Ohr ist ein **Oehrchen**. Die Messerklinge ist eisern. Die Menschen **äußern** sich oft verschieden über ein und dieselbe Sache. Wer Etwas verkauft, der **veräußert** es. Ammen **nähren** fremde Kinder. Der Knabe soll dem Vater **nachahmen**. Die Mutter wird den Topf mit Wasser **anfüllen**. Der Knabe wollte den Ofen **anfühlen**, ob er heiß sei. Viele Kinder fielen schon von einem Baume herab. Auf dem **Anger** wächst Gras. Das Schiff hat einen **Anker**. Das furchtsame Mädchen hat **Angst** im Finstern. Auch im engsten, finstersten Raume soll es keine **Aengsten** haben. Das freundliche Kind wird mich **anlachen**. Anlage zum Zeichnen hat nicht jeder Mensch. Der Knecht soll die Pferde **anschirren**. Der Schmied muß das Feuer **anschüren**. Ein Anzeichen des nahen Schnupfens ist das öftere Niesen. In der Zeitung stehen Anzeigen. Ich werde dir meine Ankunft **anzeigen**. Dieser arme Mann hat nur einen Arm. Die Armee oder das Heer besteht aus sehr vielen Soldaten. Der Knabe soll seinen Hut **aufsetzen**. In den **Aufsätzen** der Kinder kommt mancher Fehler vor. Das Licht werden wir **abblasen**. Der Knabe versprach, er werde vom Bösen **ablassen**. Als wir die Geschichte **ablasen**, belobte uns der Lehrer.

B.

Der Bube fällt vom Baume. Das Mädchen spielt mit der Puppe. Der Knabe schlägt Ball. Baal war ein Götze. Auf dem Balle wird getanzt. Ich kaufte ein Paar Stiefel und bezahlte es baar. Auf der Bahre liegt der Todte. Baares Geld wird geprägt aus Silberbarren (Silberstangen). Der Bäcker backt Brod. Der Hund packt den Hasen. Der Mann hat rothe Backen, das Kind rothe Bäckchen. Der Mann trägt einen schweren Pack, das Kind nur geringe Päckchen. Ich bat meinen Vater, mich in's Bad mitzunehmen. Mein Pathe reist in's Bad. Die Bären fressen gerne süßen Honig und Beeren. Das Mädchen sammelt Erdbeeren, Himbeeren, Brombeeren, Schwarzbeeren, Johannisbeeren und Stachelbeeren. Die Bahn ist ein Weg. Der Bann ist eine Kirchenstrafe. Mancher Verbrecher wird in Frankreich nach Amerika verbannt, wo er sich erst durch den dichten Urwald eine Bahn bahnen muß. Mit Ballast beschwert man die Schiffe. Der Kaiser wohnt in einem Palaste. Der Baß brummt. Im Engpasse paßte ein Räuber dem armen Wanderer auf. Mit Bast von der Weide bindet der Gärtner die Blumen an die Stäbe. Eine Bauersfrau aus Bayern ist eine bayerische Bäuerin. Der Blumengarten hat Blumenbeete, der Fluß hat ein Flußbeet und der Schläfer ruht in einem Federbett. Die Mutter betet am Abend mit dem Kinde und dann bettet sie es weich. Elisabeth hat heute in der Kirche andächtig gebetet. Hast du den Vater schon um ein neues Buch gebeten? Als mich das Fieber befiel, befühlte der Arzt meinen Puls. Der Herr befiehlt dem Diener. Der Arbeiter schlug sich mit dem Beile eine Beule. In meinem kranken Bein fühle ich große Pein. Das Fleisch wird geräuchert. Mancher mittellose Mensch hat sich durch Fleiß und Sparsamkeit, mancher Dieb durch Diebstahl bereichert. Dieser berüchtigte Betrüger berichtigt seine Schulden nie. Der Bauer wird den Acker zuerst besehen und dann besäen. Wer leichtsinnig Etwas beschwört, der beschwert sein Gewissen. Mit dem Besen reinigt man die Zimmer. Die Bösen kommen in die Hölle. Diebe bestehlen

Andere. Der Bote wird dir dieses Buch in der Stadt bestellen. Kluge Kinder lassen sich durch keinen Verführer bethören. Der Matrose betheert das Tau. Der Vater wird sich betrüben; denn der Sohn hat das Geschäft schlecht betrieben. Beide Räuber theilten die Beute in dem verfallenen Gebäude. Meine Schwester zeigte mir ein Bild. Die Zeugen müssen vor Gericht bezeugen. Die Galle ist bitter. Der Deutsche ist bieder. Eine Biene flog über die Bühne der Schauspieler. Binnen sechs Tagen komme ich zurück. Ein Bote kam in einem Boote an's Ufer, der uns Frieden anbot. Der Bettler bittet um Almosen; die Frau bietet ihm ein Stück Brod an. Ein Blinder ist leicht zu plündern. Die Blüthe des Baumes ist roth. Der Baum blühte (blühete) roth. Die Tischler bohren. Der Mensch wird geboren. Bei dem großen Brande verbrannte ein Kind. Die Bräute tragen breite Bänder. Ich prüfe die Briefe. Der Löwe brüllt. Der Kurzsichtige trägt eine Brille. Die Vögel brüten. Der Metzger brühte das Schwein ab. Die Hühner bücken sich, wenn sie Futter picken. Das Band ist bunt. Der Bund Heu ist für ein Pferd bestimmt. In der Walhalla sind die Büsten (Brustbilder) vieler berühmter Männer. Der Mörder büßte seine Schuld auf dem Schaffote. Ich habe meine Schuld bereits berichtigt. Der Räuber ist weit und breit berüchtigt. Der Sünder schlägt an seinen Busen und thut Buße.

D.

Der Dachs wohnt wie der Fuchs in der Höhle. Auf dem Dache unsers Hauses saß am Tage ein Dachdecker. Das Gericht läßt sich Taxen bezahlen. Ein Damm oder Deich schützt vor dem Wasser. Auf dem Damme am Meere ging eine vornehme Dame spazieren. Die Dänen wohnen in Dänemark. Die Saiten der Violine dehnen sich. Denen (denjenigen), die Gott lieben, gereicht Alles zum Heile. Auf den Tennen drischt man Getreide. Die Glocken tönen. Die Dattel ist süß. Der Tadel ist unangenehm. Der Deich heißt auch Damm. Aus Teig bäckt der Bäcker Brod. Der Teich ist ein gegrabener kleiner See. Der dicke Mann ist voller Tücke und Bosheit. Theedünste leisten in Brustkrankheiten gute Dienste. Der dünnste Faden zerreißt am leichtesten. Der Bauer muß sich die Dienstboten dingen, welche seine Aecker düngen. Es will mir dünken, daß ich diesen dünkelhaften Menschen schon sah. Der Dünkel ist eine übertriebene Meinung von seinen eingebildeten oder wirklichen Vorzügen. Der Dinkel ist eine dem Weizen ähnliche Getreidgattung. Die dürrsten Zweige brennen schnell. Die Tiger dürsten nach Blut. Die Drohne hat keinen Stachel. Der Kaiser sitzt auf dem Throne. Der dritte Soldat im Gliede macht ganz kurze Tritte. Die drei Diener sind mir treu. Die Räuber drangen in das Haus, als wir im Gasthause Bier tranken. Sie wollten in den Keller bringen und meinen Wein trinken. Er trat auf einen spitzen Draht. Manches Dorf brennt nur Torf. Auf dem magern Boden dort am Berge ist jeder Baum noch verdorrt. Der Tod wird als Gerippe mit einer Sense abgebildet. Der Mensch ist todt. Der Todte wird begraben. Die Tinte dient zum Schreiben. Dürre Thiere können durch eine enge Thüre. Die Dogge zerriß die Docke des Mädchens. Der tolle Hund fing eine Dohle. Das Glas ist durchsichtig. Der Kranke ist schwindsüchtig. Jener rachsüchtige Mensch ist kurzsichtig. Den Herrn, den ich begrüßte, achte ich; denn er ist ein Ehrenmann.

E.

Mein kleiner Enkel ist ein liebenswürdiger Engel. Der Bauer lehnte die Egge in eine Ecke. Die Fässer werden aus Eichenholz gemacht. Die Obrigkeit läßt sie aichen. Jener kranken Kuh fließt Eiter aus dem Euter. Die Eule flog auf den Schuß in größter Eile davon. Dem Gedächtnisse muß man manche Regel einprägen. Der Räuber wollte einbrechen. Die Ente schwamm bis an das Ende des Teiches. Das feindliche

Schiff wird geentert. Das zu enge Kleid wird geändert. Euer Huhn legt große Eier. Das Oel mißt man nicht mit der Elle. Die Aehre ist voll Körner. Die Ehre ist ein hohes Gut. Durch das Oehr der Nadel zieht man den Faden. Die Soldaten empörten sich, weil sie zwei Tage aller Nahrung entbehrten.

F.

Der Same fällt in das Feld. Der Bauer bittet Gott um seinen Segen, damit Nichts fehlt. Für vier Gulden erhalte ich mehr als vierzig Aepfel. Der Verurtheilte hat bis zum Tode noch eine Frist von drei Tagen. Das Thier frißt. Der Knabe fiel vom Baume. Er fühlt jetzt viele Schmerzen. Ich kann ihm freilich keine erfreuliche Nachricht bringen. Von den vordern Schülern kann man die meisten Kenntnisse fordern. Der Knabe flehte, ihm eine Flöte zu kaufen. Die Schneeflocken sind weiß, der Pflock von Holz und der Block dick. Die Knechte pflügen den Acker, über den dort so viele Vögel fliegen. Die Stechfliegen quälten die Pferde, welche pflügten. Die Kinder pflücken Blumen. Jener böse Bube stieß Flüche aus. Die Flaggen wehen von den Schiffen. In heißen Ländern haben die Häuser flache Dächer ohne First. Du führst uns als Führer durch den Wald. Der Fürst regiert das Land. Das Finkchen ist ein kleiner Finke; das Fünkchen ein kleiner Funke. Der Fink saß auf einem Aste. Karl fing ihn. Das Fieber ist eine Krankheit; die Fiber eine Faser. Die Viper ist eine giftige Natter. So lange ich dieses Feld besitze, fehlt es mir nicht an Brod. Der Apfel fällt nicht weit vom Stamme. Wir feiern viele Feiertage. Die Köchinen feuern in den Ofen ein. Das Feuer kam während der Feier des Gottesdienstes aus. Ich hatte eine wunde Ferse. Der Dichter macht Verse. Mein Vetter ist ein fetter Mann. Unsere Väter schrieben mit keiner Feder aus Stahl. Die Mägde fegten die Stube. Die Soldaten fechten. Jener Herr mit den feisten Fäusten ist ein

Müßiggänger. Die Klauenseuche oder Klauenfäule kann man mit keiner Feile kuriren. Dieses große Faß faßt fast fünfzig Eimer. Wenn der Wechsel fällig ist, muß er völlig bezahlt werden. Von den Ziegenfellen fehlen mir zwei Stück. Sie blieben an den Pfählen hängen. Bei Unglücksfällen soll dir das Vertrauen auf Gott nie fehlen. Der Fall auf einen Pfahl ist gefährlich. Der König befahl, ben Betrüger zu strafen. Die Soldaten haben Fahnen; die Köchinen aber Pfannen. Der Bauer verkaufte ein Fuder Heu als Pferdefutter. Dein Rock hat ein schönes Unterfutter.

G.

Unser Knecht verzehrte eine ganze Gans. Kannst du das auch? Ich kann's nicht. Zwei Soldaten aus der königlichen Garde spielen im Garten Karten. In unsern Gärten wachsen viele Gerten zum Korbflechten. In einer Gasse der Stadt verlor der Bote die Geldkasse. In mancher Stadt ist man mit dem Gase, das man dort brennt, nicht recht zufrieden. Als wir aus der Kirche gingen, wurden wir an die Wand gedrängt. Eine Oellampe fiel um, und leider wurde mein Kleid mit Oel getränkt. Gott gebührt Ehre. Die Viper gebiert lebendige Jungen. Als mein Onkel auf jenem blumenreichen Gefilde seine mit Thalern gefüllte Börse wiederfand, fühlte er große Freude. Anfangs glaubte er, sie wäre geleert; allein der gelehrte Herr hatte sich getäuscht. Meine geliebte Schwester legte kürzlich im Kloster die Gelübbe ab. Auf mein Geheiß begab sich mein Diener zum Uhrmacher, um ein Gehäuse für meine Uhr zu kaufen. Es geht das Gerücht, das Stadtgericht hätte in Erfahrung gebracht, jener Karren voll Garn sei gestohlen. Du issest wohl Nußkerne gerne. Gott ist gerecht. Der gute Mensch hat sich an seinem Beleidiger nicht gerächt. Gestatte mir doch, an bem Gestade (Ufer) des Meeres spazieren zu gehen! Der gewandte (geschickte) Arbeiter erhielt ein neues Gewand. Gewähre mir die Bitte, mit dem Schießgewehre vorsichtig umzugehen. Die Soldaten haben sich im Kampfe gegen die Uebermacht tapfer ge wehrt. Die Bitte wurde dem Bittsteller gewährt. Als es brannte, brachte man einen Kübel mit Wasser auf den Giebel des Hauses. Der Knabe glitt aus und fiel nieder. Das Eisen glüht. Die Hand ist ein Glied des menschlichen Körpers. Der Glimmer ist eine Steinart. Die Kohle glimmt unter der Asche. Der Jäger klimmt auf das Gebirg. Gram und Schmerz machten seine Haare grau. Der Lehrer ist dem bösen und faulen Schüler gram. Der Krämer verkauft neue Waaren; der Trödler oder Tändler alten Kram. In jenem Graben gibt es Krebse oder Krabben. Als die siegreiche Armee über die Grenze zurückkehrte, hatten die Soldaten ihre Helme mit Kränzen geschmückt. Im Kriege gegen die Türken waren die Griechen sehr tapfer. Die Krüge sind ausgetrunken und deßhalb leer. Das Sprichwort sagt: Kunst bringt Gunst. Die Fürsten haben viele Künstler zu Günstlingen. Der Geizige verbirgt seine werthvollen Güter hinter einem eisernen Gitter. Die Mütter küssen die Kinder, wenn sie dieselben in die Kissen legen. Wir begießen die Blumen. Schläferige gähnen. Neidische gönnen Andern nichts Gutes. Unter dem Geläute aller Glocken gaben wir dem Bischof das Geleite zur Kirche. Der gescheidte Mann hat sich nicht gescheut, der Wahrheit Zeugniß zu geben. Manche Herrschaft klagt über schlecht gesinntes Gesinde. Gran ist ein Gewicht; Krahn ein Hebezeug zum Ausladen der Schiffe und bei Bauten. Unsere alte Grete behauptete, daß die eckelhafte Kröte Gräten hätte wie ein Fisch und daß sie krähte wie ein Hahn. Der heidnische Richter ergrimmte und ließ den Christen schlagen, daß er sich auf dem Boden krümmte wie ein Wurm.

H.

Die Hähne krähen. Verhöhne den Gebrechlichen nicht! Der Haifisch frißt kein Heu. Dein Loos ist zwar hart; aber harre nur aus! Deine Haare werden grau

Hasen und Hunde hassen sich. Auf jener unfruchtbaren Heide leben heute noch Heiden, welche mit Thierhäuten Handel treiben. Der Maurer fiel vom Dache; zum Glücke aber hemmte ein Nagel, woran er an dem Hemde hängen blieb, seinen Sturz. Der König ist der Herr des Heeres oder der Armee. Der Hund hörte meinen Ruf und kam zu mir her. Die Herde (Heerde) Schafe gehört dem Gutsherrn. Die Härte des Feuersteines ist sprichwörtlich. Auf dem Herde (Heerde) brennt Feuer. Der siegreiche Held hält sich in hiesiger Stadt einige Tage auf. Der Mond erhellt die Nacht. Der Arbeiter erhält seinen Lohn. Die Hefe (Germ) wird in den Häfen aufbewahrt. An den Höfen der Fürsten liebt man Musik und Dichtkunst. Die geschlagenen Hunde heulen. Die Aerzte heilen die Krankheiten. Je heißer der Tag ist, desto eher macht ein kalter Trunk heiser. Viele Häuser haben Hofräume. Der Baum ist ausgehöhlt; er ist hohl. Hole mir Wasser! Der Schüler wiederholt seine Aufgabe. Der Fuchs lebt in einer Höhle. Der Verdammte ist in der Hölle. Unsere Hüte sind von Filz. Viele armen Leute wohnen in elenden Hütten. Der Hirte muß bei Tag das Vieh hüten; am Abende treibt er sie in die Hürde. Ich hoffe, daß der Baum im Hofe bald Früchte trägt. Die Hähne krähen, die Henne legt Eier.

J.

Der Inn mündet in die Donau. In ihm gibt es viele Fische. Ich befuhr ihn schon auf einem Schiffe. Im Innern des Hauses sind Zimmer. In ihnen sind Tische und Stühle. Alle Menschen können irren. Man muß deßhalb Nachsicht mit ihren Fehlern haben. Der Mann ist gesund; er ißt und trinkt mit Appetit. Der Jäger jagt auf der Jagd Hasen und Rebhühner. Die Jacht ist ein kleines Schiff. Der Mann verlor einen Juwel (Edelstein). Als er ihn wieder fand, entstand großer Jubel. Der Bettler ißt mit Appetit. Der Kopf ist der Sitz der Geisteskräfte.

K.

Der Knabe Jesus saß im Tempel mitten unter den Lehrern. Der Knappe zog mit dem Ritter in den Krieg. Aus dieser zinnernen Kanne kann man bequem trinken. Er fuhr in einem Kahne über die Donau. Einen kleinen Kahn heißt man Kähnchen; eine kleine Kanne ein Kännchen. Der Kärrner fährt mit einem Karren. Der Weizen hat Körner. Gestern war es kalt. Auf dem Markte galt das Pfund Butter dreißig Kreuzer. Als ich zum Kammmacher ins Zimmer kam, befand er sich in der nahen Kammer. Mein bester Kamerad wurde in der Mühle von dem Kammrade erfaßt und getödtet. Das Dreieck hat drei Kanten. Wir kannten den Menschen nicht. Der Maurer warf seinem Nebengesellen die Kelle voll Mörtel an die Kehle. Der Köhler (Kohlenbrenner) bringt die Kohlen in den Keller. Wir können schreiben. Wir kennen auch die Buchstaben. Wir gönnen jedem Mitschüler den ersten Platz. Der Kiel des Schiffes durchschneidet die kühlen Wellen. An dem Kinne hat der Mann Bart. Der Kien ist ein pechiges Holz. Der Soldat ist kühn. Mir graut vor dem giftigen Kraut. Der ehrwürdige, silberhaarige Greis machte mit dem Zirkel einen Kreis. Kommet zu mir! Der Komet steht schon am Himmel. Von den Wellen wurde eine Kiste an die Küste des Meeres geworfen. Der Sohn küßte dem Vater die Hand. Der Säbel hat eine Klinge, die Thür eine Klinke. Diesem Krieger sind volle Krüge lieber als blutige Kriege. Der kühnste Soldat liebt nicht immer die Künste.

L.

In dieser unglücklichen Lage lache ich nicht mehr. In dem Laden verkauft man Waaren. Der Zaun ist aus Latten gemacht. Den Körper heißt man auch Leib. Der reiche Mann schenkte der armen Frau einen Laib Brod. Der Löwe heißt auch Leu. Wenn Jemand Etwas nicht versteht und nicht kann, so ist er in dieser Sache ein Laie. Leihe mir doch vier Gulden. Todte Menschen heißt man Leichen oder Leichname. Die Fische laichen. Leider fiel mein Bruder von der Leiter. Die armen Leute leiden große Noth. Die Knaben läuten die Glocke. Wer hat angeläutet? Der Kranke hat große Schmerzen gelitten. Die Kutscher leiten durch den Zaum das Pferd. Es ist mir längst bekannt, daß du die Pferde geschickt lenkst. Das Lamm ist auf einem Fuße lahm. Wir lasen heute eine schöne Geschichte. Die Richter lassen den Dieb einsperren. Laßt des Faß liegen; die Last ist zu groß. Die Buchstaben in Büchern werden mit Lettern gedruckt. Der Stiefel ist ledern. Der Lehrer lehrt; der Lehrling lernt. Das Glas ist oft leer. Der Stuhl hat eine Lehne. Den Arbeitern werden die Löhne ausbezahlt. Dieser silberne Leuchter ist leichter als der deinige. Das Feuer leuchtet. Es liegt mir viel daran, ob ein Kind das Licht der Wahrheit liebt oder lügt. Das Lied wird gesungen. Der Knabe litt Schmerzen an den Augenlidern. Lies deutlich und langsam! Der König ließ den Mörder hinrichten. Auf dieser Liste sind alle sündhaften Lüste verzeichnet, denen die Menschen fröhnen. Der Fuchs zeigt viele List. Der Knabe liest schön. Ich bedaure dein unglückliches Loos; denn du bist trotz deiner hohen Loosnummer vom Militär nicht los gekommen.

M.

Man muß vor dem Essen beten. Dieser Mann ermahnt täglich seine Kinder zum Guten. Die Könige und Kaiser haben eine große Macht. Manche Magd macht ihre Arbeit schlecht. Zu viele Kartoffel machen den Magen schwach. Während der Arme sein spärliches Mahl einnimmt, sitzt der Reiche häufig bei einem üppigen Gastmahle. Der Maler malt ein Bild; der Müller mahlt Mehl. Der Maler hat ein Bild gemalt; der Müller hat das Mehl gemalen. Man sagt, daß dieser Mann schon zweimal in Todesgefahr schwebte. Die Seelen unserer verstorbenen Ahnen heißt man Manen. Der Ritter sprach zu seinen Mannen: „Unsere Schaar ist nur 500 Mann stark. Ich mahne jeden an seinen Eid, entweder zu siegen oder zu sterben." Das Meer hat mehr Fische als alle Flüsse der Erde zusammengenommen. In meinem Mantel habe ich süße Mandeln. Das Mehl wird aus Korn und Weizen gemahlen. Der Ohnmächtige kommt allmälig zur Besinnung. Die Speise ist mehlig. Der Marder wurde von den rohen Burschen unter großer Marter getödtet. Der Eimer hat 60 Maß. Eine Masse von Raupen entblätterte den Kohl. Das Aas wird von Maden verzehrt. Wir waren matt und ruhten im kühlen Schatten des Baumes auf weichen Matten aus. Vor unserer Thüre liegt eine Strohmatte. Das Mädchen kleidet sich nach der Mode. Die Motten haben das Pelzwerk vernichtet. Mein Schloß liegt am Main. Die Meisen sind kleine Vögel. Der Mais (türkische Weizen) wird oft von Mäusen verzehrt. Der Böse wird von allen Guten gemieden. Wir mietheten uns eine neue Wohnung. Der Kaufmann mißt die Leinwand. Der Bauer braucht Mist als Dünger. Ihr müßt fleißig sein. Mit trauriger Miene erzählte Wilhelmine, daß die Festung durch eine Mine der Feinde in die Luft gesprengt worden sei. Der Mohr ist schwarz. Das Moor ist ein Sumpf. Der Schüler wird künftig fleißiger lernen müssen, sonst würde er bestraft werden. Wir vermissen schmerzlich unsere liebe Mutter.

N.

Ein kleiner Kahn heißt auch Nachen. Die Maus kann nagen. Während der Nacht nagt eine Maus an den Käfig der Nachtigall. Als Nachtisch wurde Obst und Confekt aufgetragen. Auf dem Nachttische steht das Nachtlicht. Das Mädchen näht ein nettes Kleid. Wir nahmen uns Geld auf die Reise mit. Kennst du den Namen des Dichters? Er sprach laut und vernehmlich zu mir: Nach meinem Tode soll ein Theil meiner Bilder, nämlich die Oelgemälde im Saale und die Kupferstiche, dein Eigenthum sein. Constantin! Deine Nase ist naß. Das Nest des Vogels war ganz durchnäßt. Der Vetter hat neun Pferde; doch nein! es sind nur acht.

O.
Der Jäger wußte nicht, ob er eine Otter oder einen Fuchs geschossen habe. Man muß die Klappe am Ofen offen stehen lassen, so lange die Glut im Ofen ist. Der Orkan heulte so fürchterlich, daß man keinen Ton vernahm, obgleich der Matrose sein Sprachorgan sehr anstrengte.

P.
Der Gummiball prallt an der Wand ab. Der Knabe prahlt sich über seine Kunst im Ballschlagen. Die Preußen preisen den Preis ihrer Waaren. In der Stadt Pesth herrscht die Pest. Das Pferdchen sprang durch jenes kleine Pförtchen in den Garten. Ehemals streute man Puder auf die Haare. Die Butter gibt Schmalz.

Q.
Die Quallen sind kleine Schleimthiere im Meere. Die Qualen der Verdammten sind schrecklich. Die Quelle gibt frisches Wasser. Quäle nie ein Thier zum Scherz; denn es fühlt wie du den Schmerz. Die Quitte ist eine dem Apfel ähnliche Frucht. Die Quittung ist eine schriftliche Bestätigung, daß man irgend eine Summe bezahlt oder empfangen habe.

R.
Bei Raab in Ungarn sah ich einen Rappen, der so schwarz wie ein Rabe war. Aus dem Rachen des Haifisches ragen die schrecklichsten Zähne. Ich ging mit dem Rechen auf die Wiese; da kam ein Regen. Der Wagner gab mir den Rath, das Rad mit einem eisernen Reifen beschlagen zu lassen. Die Ratte ist ein garstiges Thier. Ich rathe dir, diese große Summe in Raten zu bezahlen. Der Rhein hat sehr reines Wasser. Der mit Gras bewachsene Rain trennt zwei Aecker. Es wird dich vielleicht reuen, daß du in die Reihen der Soldaten getreten bist. Der Widder rannte an den Fluß und blieb am Rande stehen. Der Fürst hat einen

hohen Rang. Der röthliche Himmel zeigt eine Feuersbrunst an. Es ist nicht räthlich, diesen Menschen des Diebstahls anzuklagen; denn er ist redlich. Es gibt verschiedene Räthe: Bezirksgerichtsräthe, Regierungsräthe, Ministerialräthe u. s. w. Der Redner hält eine Rede. Die Röthe der Wangen ist nicht immer ein Zeichen der Gesundheit. Als ich gestern auf der Rhede spazieren ging, fiel ein Knabe ins Meer. Rettet ihn um jeden Preis! rief seine händeringende Mutter. Die Verse haben Reime. Die Häuser haben Räume. Die Raupen berauben die Bäume ihrer Blätter. Die Kaufleute reisen in die Stadt. Der Bader wird mir diesen hohlen Zahn reißen. Wir rieben dem Erfrornen Brust und Rippen, um ihn zum Leben zurückzurufen. Die Rüben sind ein gesundes Gemüse. Ich rieche Veilchen. Der Knabe erhielt wegen seines Unfleißes eine Rüge. Der Riese riß mit einem Riß einen Baum aus. Das Rind gibt uns Rindfleisch. Dort im Bache rinnt ein aus Rinde geschnitztes Schiffchen hinunter. Das Korn heißt auch Roggen. Die Fische haben Eier, welche Rogen heißen. Die Knaben rochen Schwefel. Das Mädchen spinnt Flachs vom Rocken. Das Röschen ist eine kleine Rose; das Rößchen ein kleines Roß. Der Invalide erzählte, indem er viel Rum trank, von seinem erkämpften Ruhme. Die rothe Farbe gefällt den Kindern. Die Rotte raubte und mordete. Weil der Knabe nicht ruhte, bekam er die Ruthe. Die Rieme sind aus Leder. Die Lehrer rühmen die Fortschritte der fleißigen Schüler. Die Bächlein rieseln durch die Wiese. Die Elephanten haben Rüsseln. Die Reißsuppe esse ich gerne. Auf den jungen Baumstamm wird ein edles Reis gepfropft.

S.

Die Stadt Regensburg hat einen herrlichen Dom. Der bayerische Staat ist unter seinen Königen glücklich. Mein Vater hat in seinem Hause drei Säle: einen Speisesaal, einen Schlafsaal und einen Tanzsaal.

Auf dieser Erde hat der Arme oft mancherlei Trübsal und Elend auszustehen; der Trost allein ist ihm ein Labsal, daß seine Seele selig werden wird Saht ihr jene schöne Saat? Ich kann mich an diesen frischen, grünen Saaten nicht satt sehen. Das Kind erhielt vom Vetter viele schöne Sachen. Sagen Sie mir doch, ob der Dieb sammt der Kiste schwarzen Sammet entwischt ist! Die Propheten waren von Gott gesandt. Ich nehme als Streusand ganz gewöhnlichen Sand. Der Vogel sang ein Lied. Der Stein sank auf den Boden des Meeres. Mein Bruder hat schon viele Seen gesehen. Die Bauern säen Weizen, Korn, Gerste und Haber. Gott hat auch die Schafe erschaffen. Der Jäger schafft sich ein Gewehr mit einem neuen Schaft an. Die Gesellschaft blieb lange bei einander. Die Nuß hat eine Schale. Der Shawl (spr. Schahl) ist ein großes Umschlagtuch. Den Rettig muß man schälen. Der Schall des Donners ist stark. Laßt eure Stimmen erschallen! Er blickte mich mit scheelen Augen an. Eine Schaar Hühner scharrt mit den Füßen in dem Miste. Völker! schaart euch um eure Fürsten! Das Messer hat eine Scharte. Die Henne scharrte im Boden. Aus jener Scheune schimmert der Schein eines Lichtes. Das Schiff neigt sich schief. Der Ritter hat einen Schild. Das Mädchen schielt mit den Augen. Der Mann schilt den bösen Buben. Soldaten! schlagt die Schlacht tapfer und mit Ausdauer. Es ist schlecht, wenn man ein wehrloses Thier schlägt. Der Kranke ist müde und seine Glieder sind schlaff; vielleicht stärkt ihn der Schlaf. Der Knecht trieb die Pferde in die Schwemme und suchte dann im Walde Schwämme. Die Kälber springen mit großen Sprüngen über den Graben. An einem schwülen Tage kommt man leicht in Schweiß. Der fleißige Arbeiter hat Schwielen an der Hand. Setze diese Sätze in die Mehrheit! Der bleiche und sieche Soldat rühmt sich seiner Siege. Die Seile des Seiltänzers wurden an einer steinernen Säule angebunden. Seit acht Ta=

gen seid ihr fleißiger. Nicht blos aus Gebärmen, sondern auch aus Seide werden Saiten gemacht. Das Buch hat dreihundert Seiten. Im Süden des Amazonenstromes sieden die Eingebornen Mücken und essen sie. Diese Stämme haben überhaupt sonderbare Sitten. Die Söhne sehnen sich nach ihrer Mutter. Der Arm ist lahm, weil ihm die Sehne durchschnitten wurde. Die Sohlen der Stiefel sollen fest sein. Aus der Soole wird Salz gesotten. Spät Abends späht der Wilddieb nach einem Rehbocke. Die Kinder spielen im Garten. Die Mägde spülen das Geschirr ab. Der Dieb stahl im Stall eine Kuh und ein Beil von Stahl. Der Staar lernt sprechen. Der Todte ist starr. Ich ging statt meines Bruders auf die Brandstätte. Die Diebe stehlen. Wir stellen den Krug auf den Tisch. Das Kind schweigt still. Der Besen hat einen Stiel. Dieb! stiehl nicht mehr! Mehrere Stücke Vieh mußten im Stalle ersticken. Hinter jenen grünen Sträuchen züchtigte er den bösen Buben mit vielen Streichen sehr streng. Das Pferd schlägt über die Stränge. Auf drei Schüsse schieße ich den Punkt aus der Scheibe.

T.

Jesus war der Herr über Leben und Tod; denn er hat Todte zum Leben erweckt. Das todte Mädchen stand wieder auf. Der Räuber hat den Wanderer getödtet. Die Enten tauchen unter. Manche Schüler taugen nicht viel. Der Tiger brüllt. Die Tücher sind aus Wolle gewirkt. Unter vielen Thränen trennen sich die Scheidenden. Hört ihr das Dröhnen der fernen Kanonade? Der Schütze trifft sicher sein Ziel. Der Wanderer trieft vom Wasser. Die Kühe weiden auf der Trift. Die Eltern haben den Trieb der Liebe gegen ihre Kinder. Das Wasser ist trüb. Auf dem andern Ufer drüben steht ein Haus. Die Knaben trüben das Wasser.

V.

Der Vater besuchte den Gevatter. Auf die Wunde kommt ein Verband. Der Verbrecher wurde verbannt.

Der Freund verbürgt sich für seinen Freund. Der Dieb verbirgt die gestohlenen Sachen. Der Maler vergoldet. Das Gute wird vergolten. Die Feinde verheeren das Land. Die Richter verhören die Angeklagten. Lasse dich nicht zum Bösen verleiten. Willst du mir vielleicht mein Hiersein verleiden? Ich werde mein Haus vermiethen. Ich habe stets vermieden, dich zu beleidigen. Die verschiedenen Bergwerke verschütten oft die Arbeiter. Verstehst du diese Regel? Es ist selten, daß ein Vater sein Kind verstößt. Der vierte Knabe führte den Fremden bis zum Gasthause. Darf ich dir ein Glas Bier vorsetzen? Nach jedem Fehltritte fasse gute Vorsätze! Das Buch hat eine Vorrede. Für den Winter braucht man Vorräthe. Wenn die Wirthe das Bier verdünnen, verdienen sie Strafe.

W.

In der Wiege schläft ein Kind. Die Wicke ist eine Feldfrucht, die gewöhnlich als Grünfutter gefüttert wird. Es ist wahr, daß die Waare des Kaufmanns von vorzüglicher Qualität war. Es wird nicht lange währen, daß die Vertheidiger sich gegen eine solche Ueberzahl wehren. Wären doch alle Schüler sittenrein! Dieser Mann hat starke Waden. Kinder waten oft ins Wasser. Manche Kleider muß man mit Watte belegen, d. h. wattiren. Werden die Räuber es wagen, die Wachen an dem Wagen anzugreifen? Wann wirst du endlich diesem Wahne entsagen? Ich babe in einer Wanne. Während wir dem Feuer wehrten, stahlen die Diebe viele Sachen von Werth. Wegen deines Unfleißes wirst du bestraft. Die Metzger wägen das Fleisch. Das siedende Wasser wallt auf. Im Wald leben Füchse und Dachse. Den Soldaten blieb die Wahl, zu fliehen, oder den Wall zu erstürmen. Die Welle warf ein Fäßchen an das Ufer. Die Wälle umgeben die Festung. Ich wähle zu meinem Vertheidiger einen bewährten Juristen. Die Wärter der Kranken hören alle Wörter, die sie stöhnen. Er versuchte es auf alle Weise, die arme Waise zu unterdrücken. Die weißen Pferde heißen Schimmel. Der weise Mann betrachtet Alles nach seinem wahren Werthe. Weder Sonnenschein noch schlechtes Wetter können immer dauern. Wir wichsen unsere Stiefel. Wenn doch auch im Winter Erdbeeren wüchsen! Der Widder stieß mit den Hörnern wider seinen Gegner. Ich komme morgen wieder, um die Regel zu wiederholen. Manche Fürsten dulden keinen Widerspruch. Auf jeden Brief gehört eine Erwiderung. Du sollst schon längst wissen, daß in unsern Wiesen Maulwürfe wühlen. Es ist mein Wille, daß dieses Werk bald vollendet werde. Welche Wonne, wenn ich in den Ferien wieder bei meinen Eltern wohne! Unsere Schafe geben wohl Wolle, aber keine Milch. Wenn ich wüßte, daß die Wüste viel Sehenswürdiges hätte, würde ich sie bereisen. Wen hast du angetroffen? Sprich! wenn du aufrichtig bist.

3.

Meiner Schwester fehlen zehn Zähne. An meiner Zehe ist eine zähe Haut. In dem Zelte zählt der Offizier die Zahl der vorhandenen Gewehre. Im Winter zehren viele Thiere von den gesammelten Vorräthen. Du wirst den Kleinen wieder so lange herumzerren, bis er Zähren vergießt. Mit verzerrtem Gesichte lag der Todte da. Die Gäste verzehrten alle Vorräthe. Ich werde dir schöne Bilder zeigen. Der Zeuge muß vor Gericht gegen den Angeklagten zeugen. Ich werde dir das Haus näher bezeichnen. Die Werkzeuge sind oft theuer. Die Zeit ist vorüber. Der Lehrer verzeiht dem Schüler manchen Fehltritt. An der Landesgrenze muß man viele Zölle bezahlen. Die Biene baut eine Zelle an die andere. Zähle mir diese Stöcke! Im Herbste kommen ganze Züge von Vögeln. Die Eisenbahnzüge bringen auch hie und da eine Ziege. Das Haus baut man mit Ziegeln. Das Pferd hat Zügel, um es damit zu zügeln. In diesem Zimmer verzehrten wir heute einen Rehziemer. Manche Kinder haben

Ungeziefer. Man rechnet mit Ziffern. Jeder von uns hat einen Zunamen. Man merkt an dir eher eine Ab= als Zunahme. Die Dämmerung heißt man auch Zwielicht. Der Zwillich ist ein starker Stoff, aus dem man Getreidsäcke macht.

Einige Conjunctivformen.

Karl trug meinen Bruder auf dem Rücken; wenn er nur auch mich trüge! Der Bettler sprach jenen Mann um ein Almosen an; allein er gab ihm Nichts. Ich gäbe ihm gerne Etwas, wenn er mich darum ansprächẹ. Meine Mutter spann bis in die Nacht hinein. Manche arme Frau spänne gern, wenn sie Flachs hätte. Napoleon zog mit einem großen Heere nach Rußland. Manches Pferd zöge rascher, wenn es mehr Kräfte hätte. Es dürfte gut für dich sein, wenn du fleißiger wärest. Das Mäd= chen wusch sich die Hände. Manche Magd wüsche die Wä= sche reiner, wenn sie nur könnte. Unser Kalb wuchs schnell. Mancher Baum wüchse besser, wenn er auf besserem Bo= den stände. Mein Bruder genas rasch von seinem Fieber. Mancher Kranke genäse eher, wenn er dem Arzte mehr folgte. Der Löwe fraß die Kuh. Die hungrige Riesen= schlange fräße noch mehr Thiere, wenn sie dieselben hätte. Ich schwamm über den Tegernsee. Mein Bruder schwämme auch hinüber, wenn er den Muth hätte. Der Dom in Regensburg wird jetzt ausgebaut. Er könnte nicht voll= endet werden, wenn sich nicht so viele Wohlthäter gefun= den hätten, welche so bedeutende Beiträge leisten. Der reiche Gutsbesitzer bot dem Bettler, der ihn um Unter= stützung bat, ein Stück Brod an. Ich böte dem Unglück= lichen gern meine Hilfe an, wenn er mich darum bäte. Thäte jeder Schüler seine Pflicht, dann bekäme er weder Strafe noch Verweis. Der Knabe schlug den Hund; er schlüge ihn wohl noch, wenn der Vater es ihm nicht ver= boten hätte.

daß — das.

Das Brod, das wir essen, ist aus Roggenmehl gebacken. Wir glauben, daß unsere Seele unsterblich sei. Das Thier, das du quälst, fühlt den Schmerz so gut wie du. Das ist eine ausgemachte Wahrheit, daß ein Thierquäler ein rohes Gemüth und gefühlloses Herz haben müsse. Daß das Renntier für die Bewohner der kalten Polarländer ein großes Geschenk des Schöpfers sei, dürfte Jedermann bekannt sein. Wir haben alle geglaubt, daß der Krieg einen andern Ausgang nehmen werde. Das ist gewiß, daß sich die Erde um die Sonne bewege. Es ist ein Aberglaube, daß das Geschrei des Käuzchens einen Todesfall ankündige.

Adjectiva substantivisch gebraucht.

Eigenschaftswörter, Fürwörter u. s. w. werden groß geschrieben, wenn sie substantivisch gebraucht werden. Beziehen sie sich aber auf ein vorausgehendes Namenwort, so werden sie klein geschrieben, auch wenn sie mit dem Artikel verbunden sind.

Gib Jedem das Seinige! Sorge für die Deinigen; ich werde für die Meinigen sorgen! Mein Vetter hat sein ganzes Vermögen im Kriege verloren; ich jedoch habe das meinige gerettet. Der Fleißige wird belohnt; der Nachläßige bestraft. Der Lehrer trat zu seinen Schülern und belobte die fleißigen und bestrafte die nachläßigen. Der Muthige scheut keine Gefahr. Der Feldherr musterte die Soldaten und belobte die muthigen. Der Arme glaubt gewöhnlich, daß der Reiche immer glücklich sei. Von den Menschen werden weder die armen noch die reichen dem Tode entrinnen. Speise die Hungrigen und tränke die Durstigen! Als die Reisenden angekommen waren, verlangten die durstigen Getränke und die hungrigen Speise. Von meinen Freundinen ist Marie mir die liebste. Von unsern Knechten ist Hans wohl der stärkste.

Ablautende und unregelmäßige Zeitwörter.

1) binden (band, bände, gebunden), ebenso: finden, schwinden, winden, bringen, klingen, gelingen, ringen, schlingen, schwingen, singen, springen, sinken, trinken, zwingen.

2) helfen (hilfst, hilft, half, hälfe, geholfen), ebenso: gelten, schelten, verderben, sterben, werben, werfen, schwimmen, beginnen, rinnen, sinnen, spinnen, gewinnen, verbergen, befehlen, stehlen, nehmen (nimmst, nimmt, nahm, nähme, genommen), treffen (triffst, trifft, traf, träfe, getroffen), dreschen, brechen, sprechen, stechen, erschrecken, kommen (kam, käme, gekommen).

3) melken (milkst, milkt, molk, mölke, gemolken), ebenso: schmelzen, quellen, schwellen, klimmen, glimmen, weben, fechten, flechten, pflegen (pflegst, pflegt), ebenso: heben, scheren, gähren, erlöschen (erlischest, erlischt), wiegen, bewegen, schwären, schwören (schwur), bieten, sieben (sott, gesotten), verdrießen, genießen, fließen, sprießen, gießen, schließen, schießen, kriechen, riechen, klieben, schieben, stieben, schnieben, verlieren, frieren, biegen, fliegen, lügen, betrügen, fliehen, ziehen, saufen.

4) greifen (griff, griffen, gegriffen), ebenso: kneifen, pfeifen, schleifen, gleiten, reiten, schreiten, schneiden, streiten, leiden (leiten und läuten regelmäßig), beißen, befleißen, reißen, verbleichen, gleichen, schleichen, streichen, weichen, schreien (schrie, geschrien), ebenso: speien, scheinen, bleiben, reiben, schreiben, treiben, meiden, scheiden, preisen, weisen, schweigen, steigen, gedeihen, leihen, verzeihen.

5) fallen (fällst, fällt, fiel, fiele, gefallen), ebenso: halten, fangen, hangen, schlafen, braten, rathen, lassen (lässest, läßt), blasen, gehen; — treten (trittst, tritt, trat, träte, getreten), ebenso: geben, essen (issest, ißt), fressen, vergessen, messen, lesen, genesen, geschehen, sehen; — fahren (fährst, fährt, fuhr, führe, gefahren), ebenso: graben, tragen, schlagen, waschen, schaffen (schuf), laden, backen, stehen (stund

und stand), hauen (haust, haut, hieb, hiebe, gehauen), ebenso: rufen, stoßen, laufen (läufst, läuft, lief, liefe, gelaufen).

6) **Unregelmäßige Zeitwörter** sind: brennen (brannte, gebrannt), ebenso: kennen, rennen, nennen, senden (sandte, gesandt), wenden (wandte, gewandt); bringen (brachte, gebracht), denken (dachte, gedacht); dürfen (ich darf, du darfst, er darf, ich dürfe, ich durfte, dürfte, habe gedurft), können (ich kann, du kannst, er kann, ich könne, ich konnte, könnte, habe gekonnt), mögen (ich mag, du magst, er mag, ich möge, ich mochte, möchte, habe gemocht), müssen (ich muß, du mußt, er muß, ich müsse, ich mußte, ich müßte, habe gemußt), wollen (ich will, du willst, er will, ich wolle, ich wollte, habe gewollt), wissen (ich weiß, du weißt, er weiß, ich wisse, ich wußte, wüßte, habe gewußt).

Inhaltsverzeichniß.

	Seite
Von den Buchstaben	5
Von den Silben	5
Wortlehre	6
Vom Namenworte	6
Vom Eigenschaftsworte	6
Vom Zeitworte	9
Conjugation der Zeitwörter	10
Aufgaben über das Namenwort	18
Aufgaben über das Eigenschaftswort	28
Aufgaben über das Zeitwort	33
Die übrigen Redetheile	38
Kurze Satzlehre, einfacher Satz	39
Form der Hauptsätze	40
Satzverbindung	41
Zusammengezogener Satz	41
Der erweiterte Satz und das daraus entstehende Satzgefüge	42
Beifügungen und Beifügesätze (attributives Satzverhältniß)	42
Ergänzungen und Ergänzungssätze (objectives Satzverhältniß)	45
Subject und Subjectsatz (subjectives Satzverhältniß)	46
Umstände und Umstandssätze (adverbiale Satzverhältnisse)	47
Stylistische Uebungen	51
Vorübungen	51
Beschreibungen	56
Vergleichungen	58

	Seite
Erzählungen	60
Briefe	64
Direkte und indirekte Frage	70
Direkte und indirekte Rede	70
Aehnlich lautende Wörter	73
Einige Conjunctivformen	91
daß oder das?	92
Adjectiva substantivisch gebraucht	92
Verzeichniß der wichtigsten ablautenden (unregelmäßigen) Zeitwörter	93